品质课程聚焦丛书

王雪梅　杨四耕　主编

赋能思维

中学数学学科课程群设计

李德山◎主编

全国教育科学"十三五"规划课题
"区域推进中小学品质课程建设的实践研究"
（课题编号 FHB180571）之研究成果

华东师范大学出版社
·上海·

图书在版编目（CIP）数据

赋能思维：中学数学学科课程群设计/李德山主编.
—上海：华东师范大学出版社，2022
（品质课程聚焦丛书）
ISBN 978－7－5760－2593－4

Ⅰ．①赋… Ⅱ．①李… Ⅲ．①中学数学课–课程
设计 Ⅳ．①G633.602

中国版本图书馆 CIP 数据核字（2022）第 042391 号

品质课程聚焦丛书
赋能思维：中学数学学科课程群设计

丛书主编　王雪梅　杨四耕
主　　编　李德山
责任编辑　刘　佳
特约审读　何巧涓
责任校对　郑海兰　时东明
装帧设计　卢晓红

出版发行　华东师范大学出版社
社　　址　上海市中山北路 3663 号　邮编 200062
网　　址　www.ecnupress.com.cn
电　　话　021－60821666　行政传真 021－62572105
客服电话　021－62865537　门市（邮购）电话 021－62869887
地　　址　上海市中山北路 3663 号华东师范大学校内先锋路口
网　　店　http://hdsdcbs.tmall.com

印 刷 者　上海龙腾印务有限公司
开　　本　787×1092　16 开
印　　张　13
字　　数　108 千字
版　　次　2022 年 4 月第 1 版
印　　次　2022 年 4 月第 1 次
书　　号　ISBN 978－7－5760－2593－4
定　　价　42.00 元

出 版 人　王　焰

丛书编委会

主　编

　　王雪梅　杨四耕

编　委

　　孙　波　李德山　崔春华　裴文云　李　红　廖纯连　苏家云
　　刘文芬　王慧珍　牛旌丽　柴　敏　吴长生　裴章云　刘　兵

本书编委会

主　编

　　李德山

副主编

　　廖纯连

成　员

　　李德山　陈利颖　梁　镇　刘　斌　陆鹏程　饶　宇　唐丹丹
　　王　敏　王仁成　徐　刚　许金柱　周　吉　廖纯连

丛书总序

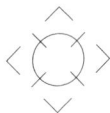

自 2015 年开始，我们在合肥市蜀山区推进"品质课程"项目，致力于推进学校课程文化变革，改变区域课程改革生态。这些年，我们深刻地感受到，课程是一种文化存在，文化是课程的存在方式和存在本身。

怀特海曾指出，过程是世界万物固有的本性。[①] 在他看来，"事件"和"事物"不同：事件是唯一的，是不可重复的；而事物则是自然之物，是永恒的。[②] 据此，我们认为，课程文化不仅仅是事物的集合，更是事件的生成。我们可将课程文化理解为事件之展开而非仅仅是事物之集合，由此所展现的将是课程文化要素、课程文化形态、课程文化主体共同构成的一幅立体兼容的文化图景。

从"事物"角度看，课程文化是课程形态和课程实践蕴含的价值、信仰、规范以及语言等文化要素的合生体，这些文化要素构成了课程文化的基质。因此，课程文化是一种信仰、一种语言、一种规范、一种眼光、一种思维方式、一种处理问题的方式，它们具体表现为课程精神文化、行为文化、制度文化以及物质文化。课程文化要素的相互摄入以及微观生成，构成学校课程文化变革的内在过程。在怀特海看来，把具体要素据为己有的每一个过程叫作摄入。[③]"摄入"理论从微观层面说明了现实存在自我生成的内在机制。

课程精神文化、行为文化、制度文化以及物质文化诸要素相互摄入进而存在于另一存在之中，成为相互依存的合生体。在这个合生体中，课程精神文化是最核心的、最深层的、根部性的文化要素，是课程物质文化、制度文化与行为文化的价值凝练和理念引领。课程制度文化是具有中介性质的文化，它联结课程物质文化和行为文化，既是课程物质文化的制度保证，又是

---

① 怀特海. 过程与实在：宇宙论研究（修订版）［M］. 杨富斌，译. 北京：中国人民大学出版社，2013.
② 陈奎德. 怀特海哲学演化概论［M］. 上海：上海人民出版社，1988.
③ 杨富斌，等. 怀特海过程哲学研究［M］. 北京：中国人民大学出版社，2018.

课程行为文化的规约机制。课程行为文化是课程文化的表现，它既受课程精神文化的直接影响，又受课程制度文化的现实规范。课程物质文化处在表层，是课程精神文化、课程行为文化和制度文化的空间和载体。如此，课程文化的诸要素相互摄入、相互作用，共同构成课程文化的深层结构。

课程文化变革过程包含"物质性摄入"与"概念性摄入"，① 这两种摄入是多维关联的重构过程，其中微观生成是生动活泼而丰富多彩的。一般地说，学校课程文化诸要素之间的相互摄入，其中课程精神文化居于核心地位，它体现于其他各要素之中。课程文化变革可以从课程文化的部分要素开始，以点带面，但要实现课程文化彻底转向，或要真正提升学校课程品质，就必须整体协调课程文化之各要素，就要以"文化的眼光"或"思维方式"进行这种摄入行动的思考和判断。

以上是课程文化的"事物观"及其变革机理。在这里，我想再说一个观点，那就是：课程文化不是简单的要素组合，而是一个展开的事件。正如巴迪欧在《存在与事件》一书中所言：真理只有通过与支撑它的秩序决裂才得以建构，它绝非那个秩序的结果；我把这种开启真理的决裂称为"事件"；真正的哲学不是始于结构的事实（文化的、语言的、制度的等），而是仅始于发生的事件，始于仍然处于完全不可预料的突现的形式中的事件。② 从"事件"角度看，课程文化是一个不可能重复出现的生成过程，处于不断地运动变化之中。作为"事件"的课程文化之真理即是在完整的课程实践中成就人、发展人和完善人。

课程文化是学校里公开的或隐蔽的信念、行为、习惯和价值观等要素相互"包含""进入""创造""构成"的"合生"事件，它融合了课程的物质和精神两个层面的意涵，它不仅包含课程意识、课程理念、课程价值等内隐的精神文化形态，而且包含学校课程实践过程中所创造的课程物质、课程制度以及课程行为等外显的文化形态，是诸要素相互参与和多维互动的创造过程，是"事件"生成与发生的过程——因为"文化的每一个方面都是一个能

---

① 怀特海认为，对现实存在的摄入——其材料包含着现实存在的摄入——叫作"物质性摄入"；对永恒客体的摄入叫作"概念性摄入"。参阅：杨富斌，等. 怀特海过程哲学研究 [M]. 北京：中国人民大学出版社，2018.

② Alain Badiou. Being and Event [M]. London：Continuum International Publishing Group，2006.

够改变文化的创造源，都是非常主动的创造性力量"①。

　　一种文化首先意味着一种眼光，眼光不同，对所有事情的理解就不同。② 课程文化是我们做事的眼光、处事方式和思维习惯，是生长着的"事件"，是我们理解课程实践、推进课程变革的眼光。当然，课程文化虽然是一个"事件"，但在本体论意义上，课程文化仍然是一种不易感知的存在。人类学家指出，人们一般意识不到他们身边的文化，因为此类文化表现为平常的生活，表现为看上去正常和自然的东西。文化以无意识的状态或者说未被检查的状态悄悄地让我们做出选择、进入生活。③

　　但是，这并不妨碍我们认识课程文化，我们仍然可以用智慧感知课程文化的存在，我们仍然可以用眼睛捕捉课程物质文化、制度文化、行为文化和精神文化。课程物质文化是以物质形态存在的设施和空间，这是课程文化赖以存在的物质基础与场域条件；课程制度文化是学校制定的规约课程实践的活动程序和价值规范，是学校课程变革过程中形成的价值体系和活动规则；课程行为文化是行为主体在长期的课程实践过程中形成的处理课程事务的一以贯之的行为方式，这种行为方式具有长期稳定性、潜意识性和无需提醒等特点；课程精神文化是学校课程文化的核心，是主导学校课程实践的理念和精神，通常会借助富有哲理的语言加以概括。这些课程文化要素，我们可以"看见"它们的合生性存在，也可以"分辨"它们的原子性存在。

　　我们的结论是：课程与文化有着天然的血肉联系，凡是课程变革一定是文化变革，没有文化内核的课程变革很难取得成功；文化变革需要课程建设支撑，没有课程支撑的文化变革是不可思议的。怀特海指出，现实存在就是合生，每一个现实存在都不是只有一种元素的简单的存在，不是原子论意义上的存在，而是由诸多要素构成的合生或有机体。④ 在学校课程变革过程中，课程与文化二者"合生"即生成课程文化。课程与文化的"合生"设计，是学校课程文化变革的重要方法。

　　在具体操作上，推进学校课程文化变革有两条道路可供选择。第一条道

①② 赵汀阳. 赵汀阳自选集 [M]. 桂林：广西师范大学出版社，2000.

③ 约瑟夫，等. 课程文化 [M]. 余强，译. 杭州：浙江教育出版社，2008.

④ 怀特海. 过程与实在：宇宙论研究（修订版）[M]. 杨富斌，译. 北京：中国人民大学出版社，2013.

路是自上而下的演绎道路，实现从文化概念到课程设计的"合生"。首先确定学校课程哲学，包括学校课程理念、课程愿景、育人目标和课程目标。其次，厘定学校育人目标和课程目标。再次，梳理学校课程框架，设计学校课程内容。复次，活跃学校课程实施，使课程功能最大化。最后，把握学校课程评价和管理。如此，课程文化建设是从文化概念建构开始的，由此展开学校课程整体规划，实现从文化概念到课程设计的"合生"。

第二条道路是自下而上的归纳道路，实现从课程实践到文化逻辑的"合生"。学校课程文化建设实际上也是学校文化决策过程，每一所学校都有自己的文化背景，包括周边的文化资源、历史传统、现实经验，这是学校课程文化变革的客观基础，也是学校课程哲学生长的土壤，"土质"的不同导致学校课程哲学追求的不同。如何在分析学校课程情境的基础上，对学生的需求进行调查，了解现有课程的实施情况，发现学校课程中存在的问题；根据学校课程情境分析和学生需求调查，形成学校课程哲学，明确学校的育人目标和课程目标；基于课程价值需求分析，建构学校课程框架与体系；布局学校课程实施的多维途径和多种方式，确保课程实施的有序与有效；制定一套课程管理制度，保障课程变革顺利推进；制定一套评估方法，对课程品质进行评估。这是由课程实践到文化逻辑的"合生"过程。

合肥市蜀山区"品质课程"项目实践表明，学校课程文化变革可以是演绎式的，也可以是归纳式的。演绎式可理解为"概念先行——实践验证"方式；归纳式可理解为"实践探索——归纳提升"方式。课程是具有情境性和价值负载的文本，学校课程文化变革宜采取"理论、研究与实践互动"的方式。这种方式不完全依赖于概念或理论，也不脱离学校实际情境。在学校课程实践中，以学校课程情境为基础，以课程的实际问题为切入点，以理论为指导，以概念为圆心，边研究边行动，在实践中总结提炼，又在实践中加以验证与改造，在理论与实践的互动互补、碰撞对话中生成学校独有的课程文化框架。

马克思说："全部社会生活在本质上是实践的。凡是把理论引向神秘主义的神秘东西，都能在人的实践中以及对这个实践的理解中得到合理的解决。"① 合肥市蜀山区"品质课程"项目探索告诉我们：实践是课程文化价值实现的根本途径，是推进学校课程文化变革的关键力量。学校课程文化变革必须为行动提供充分的理据，从而使得行动趋于合理化，增强学校文化变革的认同感和一致性。在某种意义上，这也是一种文化自觉。

杨四耕

2021 年 2 月 5 日于上海市教育科学研究院

---

① 马克思恩格斯选集（第 1 卷）［M］. 中央编译局，译. 北京：人民出版社，1995.

皮亚杰利用物理范畴和逻辑数学范畴的关系来解释知识与思维的关系，从最低级形式的认识开始一直到科学思维。知识与思维两者密不可分，形式上呈螺旋式同步发展。在数学世界的认识过程中，数学思维的激发与拓展以数学知识本质为基础，通过抽象形成新的数学知识，使思维不断得以升华。

数学教学是一门创造性的艺术，把创造数学的美与培养学生的创造性思维统一，是数学课程的使命之一。数学之美是图形、数字、运算和关系等各种范畴的融合之美。数学之美诞生于思维与创造融合过程之中，数学之美体现在内容、结构和方法等方面的内在之美，数学思维发展应尽可能给予孩子们展现数学美的机会。

第三章 深度探索 萃炼思维 —— 49

数学课程的宗旨在于培养学生的思维品质，重在引导学生在生活中积累经验，在操作中探究问题。在数学学习中积累活动经验，培养学生解决问题的能力；在一系列的探究思考过程中，使学生的思维能力不断得到提升；让学生会用数学的语言去表达，用数学的语言去观察，用数学的思维去思考。

第四章 以思导学 活跃思维 —— 71

数学是思维的体操。数学的教学应该注重学生思维的激发和拓展，抓住数学的本质特征，让学生经历知识的发生过程，了解知识的逻辑结构，培养学生数学的核心素养，最终实现思维能力和逻辑推理的培养，让思维在数学学习过程中不断地升华，在变化中更加活跃。

第五章　品味经典　开发思维 ── 95

品经典，了解数学的发展史，从伟人的视角去看待问题、解决问题。数学的学习应该使学生在学习过程中感受到数学的"美"，激发学生学习数学的欲望。发展学生的数学素养，我们无需动不动就提及数学中的黄金分割，也无需总强调圆和轴对称所能带来的视觉美感，美几乎流淌于"数学王国"的每一个角落。

第六章　智美融合　延展思维 ── 117

数学美千姿百态、丰富多彩，从符号公式、曲线证明到结构形态、语言方法，数学无不以自身奇异性、和谐性的特征到处闪现着美的光辉。哪里有美好生活，哪里就有数学的美，数学的美已经渗透进我们生活中的点点滴滴。我们要学会用发现美的眼睛去看世界，用深层思维的大脑去创造世界。

第七章　灵智共生　强化思维 ── 139

智力是成功地解决某种问题所表现出的具有良好适应性的个性心理特征，思维是智力的核心成分。关于智力的品质，若表现在知觉上，则有选择性、整体性、理解性、恒常性；若表现在记忆上，则有意识性、理解性、持久性、再现性；而表现在思维上，则有敏捷性、灵活性、创造性、批判性和深刻性。其中，思维品质尤为重要，培养思维品质是发展智力的关键环节。

第八章　智慧相伴　夯实思维 ── 161

人们称数学是智力的磨刀石，但是因为数学思维是潜在的，隐含在现成的结论之中，所以要求广大数学教师在审读教材和对学生进行知识传授时，不能只停留在对结论的表述上，而要深入思考，挖掘和揭示结论形成的思维过程，并在数学教学中将学生的思维引领到知识发现和再发现的过程中去，从而培养学生的思维及推理能力。

前言　让思维真正活起来

　　《义务教育数学课程标准（2011 年版）》强调：数学是人类文化的重要组成部分，数学素养是现代社会每一个公民应该具备的基本素养。作为促进学生全面发展教育的重要组成部分，数学教学既要使学生掌握现代生活和学习中所需要的数学知识与技能，更要发挥数学在培养人的理性思维和创新能力方面的不可替代的作用。[①] 数学教学是培养学生思维能力和提升思维品质的过程。

　　数学学科到底应该如何发展和拓展学生思维？数学思维是数学活动的工具，它提供了分析问题和解决问题的思路，通过数学学科的课程设计，将数学发展思维贯穿其中。数学思维在数学学科课程建设中不断发展和涌现。

　　从知识学习到思维生成。"活力数学"秉承减负增效、学用交融的理念，通过高品质的"活力课堂"、趣味的"活力社团"、讲应用的"活力实践"等，让学生真正领略数学思维的魅力；结合"活力运算""活力创想""活力统计""活力体验"等有内涵的思维训练活动，多维度地锤炼学生的思维品质，让孩子们的思维真正"活"起来。不仅很好地达成了数学课程标准的要求，而且极大地丰富了数学课程内容的开发与实施，有利于学生数学核心素养的发展，让每个孩子的思维焕发生命的活力。

　　从美感到思维启沬。天地有大美，原"天地之美"意即知晓、理解天地自然之法则和规律；数学亦有美，作为数学教育，就更要让学生知晓数学的法则和规律，感受数学的美。作为天地之美的一种，我们希望学生借天地之美成思维启益，理解数学是什么，从哪儿来，往何处去。更进一步，能用数学的眼光发现天地之美，通晓自然万物存在、运行、发展的道理，终达万物

① 中华人民共和国教育部. 义务教育数学课程标准（2011 年版）[S]. 北京：北京师范大学出版社，2012：1.

之理。

从深度学习到思维深刻。通过探究活动，认识并理解知识的形成过程，回顾、发现、归纳、形成或建构数学的方法和思路，在过程中感悟，在感悟中思考，在思考中提升思维、建构知识，把学习的主动权交给学生，从而逐步形成常用的数学基本思想和方法。

从多向引导到思维活跃。智能数学重视数学思维培养，强调结果呈现，以实践验证为主要手段。它重视数学知识理解、智慧养成，培养数学能力，提升综合素质；以"智能之数""智能之图""智能数据""智能探究"为框架，开展多元的教学活动，结合科学评价，促进学生全面发展。

从经典数学到思维创新。数学课堂由教师和学生共同缔造，教师通过思维引领，依托经典数学课程，让学生充分经历自主探究与合作交流的过程，促进学生数学知识、数学技能、数学思维等方面得到进一步提升；教师针对每一节课选择合适的教学方法，促进学生深度学习，完善学生的数学知识体系和认知结构。

从智美数学到思维延展。数学的学习离不开教师的引导，让学生逐步用数学的眼光看世界，用数学的思维想世界，用数学的语言表达世界。

从灵动数学到思维创生。数学教学离不开教师的引导，也离不开学生的自主学习。教学活动是师生积极参加、交往互动、共同发展的过程。宽松而自由的数学课堂，使学生在获得数学知识与数学技能的同时，能够迸发出丰富的数学智慧，创生出灵动的数学思维。

数学是锻炼思维的体操，是长智生慧的钥匙。数学的本质是基于对现实世界的抽象概念，通过运算、推理、建构模型等，认识客观世界中事物的本质、关系及规律。数学的价值不仅仅是一种工具、一种语言，更承载着人类的思想和文化。

美国心理学家布鲁纳通过多年研究发现，人的思维品质主要取决于人的思维能力与认知水平。无论哪一门类学科，学科建设都要牢牢抓住思维能力这个根本不放松。因此，在数学学科建设、数学课程体系设计、数学实践教学等系列活动中，在"知其然，亦知其所以然"的对数学问题的不断探求过程中，如何科学、客观地去思考、推理与论证也都是以数学思维作为底线的。数学思维方法显然成为学习数学学科的基本原理，发挥的重要作用贯穿数学学科建设始终。

　　数学赋能思维，就是围绕开拓学生思维的空间、挖掘学生数学思维深度所进行的一系列活动，而课程的作用就是帮助学生从贴近实际的学习素材中，学习并掌握一定的数学知识与技能，并在体验、理解、探索的过程中，培养出良好的抽象思维和推理能力，不断强化他们的创新意识，切实提高学生的实践能力和思维品质。

　　　　　　　　　　　　　　　　　　　　　　　　（撰稿人：周吉）

第一章

激活知识
生成思维

皮亚杰利用物理范畴和逻辑数学范畴的关系来解释知识与思维的关系，从最低级形式的认识开始一直到科学思维。知识与思维两者密不可分，形式上呈螺旋式同步发展。在数学世界的认识过程中，数学思维的激发与拓展以数学知识本质为基础，通过抽象形成新的数学知识，使思维不断得以升华。

知识与思维相互促进，知识是思维的材料和载体，思维则是对知识的组织和加工。教学目标需要发展知识与思维并重，以知识与思维的转化关系为依据发展学生的知识与思维。知识与思维作为同一认识过程的两个不同侧面，相互依存、难以分割，知识与思维的统一实现了形式和内容的统一。① 知识不能直接转化为思维，也不能形成多维度的思维方式。思维的生成以数学知识为基础，经过各种抽象转换形成新的知识，思维为数学知识的学习和创新提供了各种的形式。

《义务教育数学课程标准（2011 年版）》指出："数学课程目标包含知识与技能、过程与方法、情感态度与价值观三个维度"②，发展学生的知识与思维需要依据两者的转化关系，在获取数学知识技能的同时，让学生经历完整思考的过程，倡导敢于质疑、思疑的品质，使学生数学思维经历扩散和创造的过程，让学习过程充满积极求知的主动精神。要努力创设各种有利于激发和调动学生自主性和创造性的学习氛围，要引导学生乐于思考、乐于动手、善于探究，帮助学生逐步形成科学的探究方法，使学生在发现中享受智慧，在思考中丰盈智慧。

合肥市五十中学天鹅湖教育集团天鹅湖校区数学学科课程群提出"活力数学"的学科理念，通过"活力数学"的课程实施，实现"启思""启智""启慧"，通过"活力课堂""活力社团""活力实践""活力阅读""活力展示"践行这一学科理念。

总之，发现问题、提出问题是学生掌握数学知识、激发数学思维的初始阶段，分析问题、解决问题需要学生灵活运用数学知识。让学生在激活知识的同时，生成思维，层层递进地提升学生的数学素养。

活力数学：让孩子思维焕发生命活力

合肥市五十中学天鹅湖教育集团天鹅湖校区数学教研组共有 53 位教师，

---

① 唐丽，张一春. 学生核心素养的发展：知识与思维的视角［J］. 现代教育技术,2020,30（6）：33—38.
② 中华人民共和国教育部. 义务教育数学课程标准（2011 版）［S］. 北京：北京师范大学出版社,2012:1.

其中，男教师有 27 人，女教师有 26 人，全部是本科及以上学历（3 人为研究生学历）；其中高级教师有 7 人，一级教师有 22 人。近年来，有多位教师在国家、省、市、区各级优质课和基本功大赛中获奖。天鹅湖校区数学教研组是一支政治素质高、业务能力强的队伍。教师们工作在教育教学一线，兢兢业业、勤勤恳恳，默默地奉献着自己。同时数学教研组利用自己的团队优势，前期开发、实践了自己的小课程《思维体操》，效果明显。教研团队依据《中共中央国务院关于深化教育教学改革　全面提高义务教育质量的意见》《教育部关于深化课程改革　落实立德树人根本任务的意见》与《义务教育数学课程标准（2011 年版）》等文件精神，推进学校数学学科课程建设，取得了显著成效。

第一节

培植数学思维生长点

一、学科性质

《义务教育数学课程标准（2011 年版）》指出："数学是研究数量关系和空间形式的科学。数学与人类发展和社会进步息息相关，随着现代信息技术的飞速发展，数学更加广泛应用于社会生产和日常生活的各个方面。义务教育阶段的数学课程是培养公民素质的基础课程，具有基础性、普及性和发展性。数学课程能使学生掌握必备的基础知识和基本技能，培养学生的抽象思维和推理能力，培养学生的创新意识和实践能力，促进学生在情感、态度与价值观等方面的发展。数学教学活动应激发学生兴趣，调动学生积极性，引发学生的数学思考，鼓励学生的创造性思维；要注重培养学生良好的数学学习习惯，使学生掌握恰当的数学学习方法。学生学习应当是一个生动活泼的主动的和富有个性的过程。"[①]

基于《义务教育数学课程标准（2011 年版）》对学科性质的定义，我们认为数学课程的学习不仅要学习基础知识、掌握基本技能、形成知识体系，更要在学习的过程中，培养学生对学习的兴趣。学生在观察、发现、合作、操作等一系列探究活动中，巩固基础，锻炼思维，养成能力，最终通过国家基础课程和拓展课程的考核，成为适合未来社会需求的人才。

---

① 中华人民共和国教育部. 义务教育数学课程标准（2011 版）［S］. 北京：北京师范大学出版社，2012：1.

二、学科课程理念

基于《义务教育数学课程标准（2011年版）》要求，我校以"让孩子思维焕发生命活力，享受生命成长的快乐"为课程理念，打造"活力数学"课程。

我们认为，应该让课堂活起来，让孩子的思维焕发出生命活力，找回丢失已久的"自我"，建构丰富的精神生活，体会生命成长的欢乐。"活"意味着师生双方潜能的开发、内心的敞亮、主体的弘扬、精神的唤醒和个性的彰显，意味着师生双方经验的交流、思想的融合与精神的共鸣。

（一）"活力数学"是"启思"的数学

"活力数学"强调在获取数学知识、技能的同时，让学生经历完整思考的过程，倡导敢于质疑、思疑的品质，使学生的数学思维经历扩散和创造的过程，让学生在学习过程中保持求知精神。

（二）"活力数学"是"启智"的数学

叶圣陶先生说过："各种学科的教学都一样，无非是教师帮着学生学习的一串过程。"学生有一种以自我为中心的探索学习方式，教师应顺应这一思维品质，创设各种有利于激发与调动学生主动性和创造性的良好学习氛围，引导学生善于思考，勤于动手，乐于探究，帮助学生逐步形成科学的探究方法。教师应培养学生的探究意识，开展"创设探究空间""感悟探究价值"等一系列启智求真的双边活动。①

（三）"活力数学"是"启慧"的数学

数学享有"锻炼思维的体操、启迪智慧的钥匙"的美誉，我们着重培养学生的数学思维能力，全面开发学生的左、右脑潜能，提升他们发现问题、解决问题的能力，使学生在发现中享受智慧，在思考中丰盈智慧。

---

① 张金超. 启智求真　构建优效探究数学课堂［J］. 新课程研究（上旬刊）,2011（9）:104—105.

多维度锤炼思维品质

《义务教育数学课程标准（2011 年版）》指出："义务教育阶段数学课程目标分为总目标和学段目标，从知识技能、数学思考、问题解决、情感态度等四个方面加以阐述。"[①] 通过义务教育阶段的数学学习，学生获得数学的基础知识，训练基本技能，感悟基本思想，积累基本活动经验；体会数学知识之间、数学与其他学科之间、数学与生活之间的联系，会用数学的思维进行思考，增强发现问题、提出问题、分析和解决问题的能力；了解数学的意义，提高学习兴趣，增强学习信心，养成良好的学习习惯，具有初步的创新意识和实践能力。

一、学科课程总体目标

通过"活力数学"的实施，学生能从兴趣出发，获得发展所必需的数学基础知识；体会数学和现实生活的必然联系；用数学思维观察和思考世界；用数学方法去发现问题、解决问题；具有探究、创新的意识与能力；能多维度锤炼思维品质，提高学习兴趣，增强学习信心，感受数学价值。我们从以下四个方面具体阐述：

（一）知识与技能目标

结合生活中有"活"的数学情景、活动或问题，让学生抽象出"数"的

---

① 中华人民共和国教育部. 义务教育数学课程标准（2011 版）［S］. 北京：北京师范大学出版社，2012：1.

概念，理解"数"的意义，估算、运算的计算道理，探索运算规律并准确运算；经历从实物中抽象出图形的过程，了解几何图形特征，掌握初步的测、识、画图的技能；经历实际问题中收集、整理、分析数据的过程，掌握数据处理方法。

（二）数学思考目标

结合生活实际，在经历探究的活动中，让学生建立数感、符号意识、空间观念和数据分析观念；能有条理地思考，比较清楚地表达自己的思考过程与结果；发展合情推理和演绎推理能力，体会数学的基本思想和思维方式；激发想象力与创造力，培养科学的思维能力。

（三）问题解决目标

让学生经历形式多样的探索环境，培养"活力"数学的能力；初步获得从数学角度去发现、提出和探索问题的能力；会在解决问题的过程中，获得一些分析和解决问题的基本方法，积累自主探索、合作探究的经验，提高数学学习的能力；初步探索评价与反思的方法，形成评价与反思的意识。

（四）情感态度目标

在"活力数学"的学习过程中，激发学生的好奇心和求知欲；让学生体验获得成功的乐趣，增强克服困难的意志力，建立自信心；了解数学的价值；养成认真勤奋、独立思考、合作交流、反思质疑等学习习惯[①]；形成坚持真理、修正错误、严谨求实的科学态度。

二、学科课程年级目标

为了更好地实现学科课程总目标，结合学校实际情况，制定年段课程目标（见表1-1）。

表1-1 "活力数学"年段课程目标表

年级 \ 学期	上学期	下学期
七年级	1. 有理数 　理解有理数的意义，能对有理	1. 实数 　了解无理数和实数的概念，理解实

---

① 朱德江. 深化小学数学教学改革的八个新动向（下）——基于数学课程标准修订的视角［J］.教学月刊小学版（数学），2012（5）：4—6.

年级 \ 学期	上学期	下学期
	数进行分类；理解数轴、相反数和绝对值的概念，能用数轴上的点表示有理数，掌握求有理数的相反数与绝对值的方法；能比较有理数的大小；理解有理数的加、减、乘、除及乘方的运算法则，会进行有理数混合运算。 2. 代数式 　　了解代数式的定义，理解用字母表示数的意义，能分析简单问题中的数量关系，并用代数式表示，会求代数式的值。 3. 整式 　　了解整式的概念，理解合并同类项和去括号的法则，能进行简单的整式加减运算；理解整数、指数、幂的意义和基本性质；能用科学计数法表示数。 4. 方程与方程组 　　了解等式的基本性质；会解一元一次方程、可化为一元一次方程的分式方程，掌握代入消元法和加减消元法，会解二元一次方程组；会根据具体问题中的数量关系列出方程；＊能解简单的三元一次方程组。① 5. 点、线、面、角 　　了解从物体抽象出来的几何体、平面、直线和点等；了解线段的和、差，以及线段中点的意义，会比较线段的长短；掌握基本事实：两点确定一条直线和两点之间线段最短；了解两点间距离的定义，会度量两点间的距离；会比较角的大小，计算角的和、差；会对度、分、秒进行简单的换算。 6. 尺规作图 　　了解作图的道理，保留作图的痕迹，不要求写出作法；会用尺规	数与数轴上的点一一对应，会求实数的相反数与绝对值；了解平方根、算术平方根、立方根的概念；了解乘方与开方互为逆运算；会用有理数估计一个无理数的大致范围；了解近似数的概念。 2. 整式与分式 　　会进行简单的整式乘法运算；能推导完全平方公式和平方差公式，了解公式的几何背景，并会利用公式进行简单计算；会用提公因式法、公式法进行因式分解；了解分式和最简分式的概念，会利用分式的基本性质进行约分和通分；会进行简单的分式加、减、乘、除运算。 3. 不等式与不等式组 　　了解不等式的定义，理解不等式的基本性质；能解简单的一元一次不等式，并能在数轴上表示出解集；会用数轴确定由两个一元一次不等式组成的不等式组的解集；根据具体问题中的数量关系，能列出一元一次不等式。 4. 相交线与平行线 　　了解对顶角、余角、补角等概念，理解其相关性质；会识别同位角、内错角、同旁内角；了解垂线、垂线段等概念；理解点到直线的距离的意义；了解平行线的概念。掌握以下基本事实：（1）过一点有且只有一条直线与已知直线垂直；（2）过直线外一点有且只有一条直线与这条直线平行；（3）两条直线被第三条直线所截，如果同位角相等，那么两直线平行。掌握以下性质定理：（1）两条平行直线被第三条直线所截，同位角相等；（2）两条直线被第三条直线所截，如果内错角相等（或同旁内角互补），那么两直线平行；（3）两条平行直线被第三

① 凡是打星号的内容均是选学内容，不作考试要求。

学期 年级	上学期	下学期
	作一条线段等于已知线段；作一个角等于已知角。 **7. 统计** 　　了解数据处理的过程；了解简单随机抽样，理解抽样的必要性；会制作扇形统计图，并用统计图直观地描述数据；利用表格、折线图、趋势图等，体会随机现象的变化趋势。	条直线所截，内错角相等（或同旁内角互补）；了解平行于同一条直线的两条直线平行；探索并证明平行线的判定定理；能用三角尺和直尺过已知直线外一点画这条直线的平行线。 **5. 图形的平移** 　　了解平移在自然界和现实生活中的应用；理解平移的意义，探索它的基本性质。
八年级	**1. 坐标与图形位置** 　　了解平面直角坐标系的有关概念；体会用有序数对表示物体的位置，并建立适当的直角坐标系；会用坐标刻画简单图形；会用方位角和距离描述两个物体的相对位置。 **2. 坐标与图形运动** 　　在直角坐标系中，以坐标轴为对称轴，能写出一个已知顶点坐标的多边形的对称图形的顶点坐标，能写出一个已知顶点坐标的多边形沿坐标轴方向平移后图形的顶点坐标，理解对应顶点坐标之间的关系。 **3. 函数** 　　了解常量、变量的意义；理解函数概念和三种表示法；会确定实际问题中函数自变量的取值范围，并求出函数值；会初步探讨变量的变化情况。 **4. 一次函数** 　　了解一次函数和正比例函数的定义，会利用待定系数法确定一次函数的表达式；会画出一次函数的图像，根据一次函数的图像和表达式 $y=kx+b$（$k\neq0$）探索并理解图像的变化情况；体会一次函数与二元一次方程的关系；会用一次函数解决简单的实际问题。 **5. 三角形** 　　了解三角形及其内角、外角、	**1. 二次根式** 　　了解二次根式、最简二次根式的概念，理解二次根式加、减、乘、除运算法则，会进行简单的四则运算。 **2. 一元二次方程** 　　了解配方法，能用配方法、公式法、因式分解法解简单的一元二次方程；会用一元二次方程根的判别式来判别方程是否有实根和两个实根是否相等；了解一元二次方程的根与系数的关系；根据实际问题，检验方程的解是否合理。 **3. 勾股定理** 　　理解并掌握勾股定理及其逆定理，会解决一些简单的实际问题。 **4. 四边形** 　　了解多边形的定义和多边形的顶点、边、内角、外角、对角线等概念；了解两条平行线之间距离的定义，会度量两条平行线之间的距离；理解平行四边形、矩形、菱形、正方形的概念，以及它们之间的关系；探索并掌握多边形内角和与外角和公式；探索并证明平行四边形的性质定理：平行四边形的对边相等、对角相等和对角线互相平分；探索并证明平行四边形的判定定理：一组对边平行且相等的四边形是平行四边形、两组对边分别相等的四边形是平行四边形和对角线互相平分的四边形是平行四边形。探索并证明矩形、菱形、正方形

学期 年级	上学期	下学期
	中线、高线、角平分线等概念，了解全等三角形、等腰三角形、直角三角形、线段垂直平分线和三角形重心的概念，了解三角形的稳定性，了解四边形的不稳定性；探索并证明三角形的内角和定理、角平分线的性质定理、线段垂直平分线的性质定理、等腰三角形的性质定理和直角三角形的性质定理，并掌握它的推论。掌握以下基本事实：（1）两边及其夹角分别相等的两个三角形全等；（2）两角及其夹边分别相等的两个三角形全等；（3）三边分别相等的两个三角形全等。 6. 定义、命题、定理 　　了解定义、命题、定理和推论的定义；了解原命题及其逆命题的概念，能区分命题的条件和结论；了解反例的作用，会用综合法证明的格式。 7. 图形的轴对称 　　了解轴对称、轴对称图形的概念，理解它的基本性质；会画出简单平面图形关于给定对称轴的对称图形。 8. 尺规作图 　　能作一条线段的垂直平分线，能过一点作已知直线的垂线。会利用基本作图法作三角形：已知三边、两边及其夹角、两角及其夹边作三角形；已知底边及底边上的高线作等腰三角形；已知一直角边和斜边作直角三角形。	的性质定理：（1）矩形的四个角都是直角，对角线相等；（2）菱形的四条边相等，对角线互相垂直。了解它们的判定定理：三个角是直角的四边形是矩形、对角线相等的平行四边形是矩形、四边相等的四边形是菱形、对角线互相垂直的平行四边形是菱形。探索并证明三角形的中位线定理；探索并掌握直角三角形的性质定理：直角三角形斜边上的中线等于斜边的一半；探索矩形、菱形、正多边形的轴对称性质。 5. 统计 　　了解平均数的定义，会计算中位数、众数、加权平均数；会计算简单数据的方差；了解频数和频数分布的意义，会画频数直方图；体会样本与总体关系，会根据样本平均数、样本方差推断总体平均数、总体方差；能解释统计结果，并根据结果作出简单的判断和预测。
九年级	1. 二次函数 　　了解二次函数的意义；用描点法画出二次函数的图像，理解二次函数的性质；会用配方方法将二次函数的表达式化为 $y = a(x + h)^2 + k$ 的形式，了解二次函数图像的顶点坐标和图像的开口方向、	1. 图形的旋转 　　了解平面图形关于旋转中心的旋转。探索它的基本性质：一个图形和它经过旋转所得到的图形中，对应点到旋转中心距离相等，两组对应点分别与旋转中心连线所成的角相等。了解中心对称、中心对称图形的概念，探

年级＼学期	上学期	下学期
	对称轴，并能解决简单实际问题；会利用二次函数的图像求一元二次方程的近似解；＊知道给定不共线三点的坐标可以确定一个二次函数。 2. 反比例函数 　　了解反比例函数的定义，会根据已知条件确定反比例函数的表达式；能画出反比例函数的图像，根据图像和表达式 $y = \dfrac{k}{x}$（$k \neq 0$）探索并理解 $k > 0$ 和 $k < 0$ 时图像的变化情况；会用反比例函数解决简单实际问题。 3. 图形的相似 　　了解比例的基本性质、线段的比、成比例的线段；了解相似多边形和相似比；了解图形的位似；利用相似的直角三角形，探索并认识锐角三角函数（$\sin A$、$\cos A$、$\tan A$），知道 $30°$、$45°$、$60°$ 角的三角函数值；会用锐角三角函数解直角三角形，能用三角函数解决简单的实际问题。了解相似三角形的判定定理：两角分别相等的两个三角形相似、两边成比例且夹角相等的两个三角形相似、三边成比例的两个三角形相似。＊了解相似三角形判定定理的证明；了解相似三角形的性质定理：相似三角形对应线段的比等于相似比、面积比等于相似比的平方；掌握以下基本事实：两条直线被一组平行线所截，所得的对应线段成比例。	索它的基本性质：成中心对称的两个图形中，对应点的连线经过对称中心，且被对称中心平分；探索线段、平行四边形、正多边形、圆的中心对称性质。 2. 圆 　　了解圆、弧、弦、圆心角、圆周角的概念，了解等圆、等弧的概念；了解点与圆的位置关系；理解圆的轴对称性质，探索并证明垂径定理：垂直于弦的直径平分弦以及弦所对的两条弧；理解圆周角与圆心角及其所对弧的关系，了解并证明圆周角定理及其推论：圆周角的度数等于它所对弧上的圆心角度数的一半、直径所对的圆周角是直角、$90°$ 的圆周角所对的弦是直径、圆内接四边形的对角互补；了解三角形的内心和外心；了解直线和圆的位置关系；了解切线的概念，探索切线与过切点的半径的关系，会用三角尺过圆上一点画圆的切线；理解并证明切线长定理：过圆外一点所画的圆的两条切线长相等；会计算圆的弧长、扇形的面积；了解正多边形的概念及正多边形与圆的关系。 3. 尺规作图 　　了解作图的道理，保留作图的痕迹，不要求写出作法；会过不在同一直线上的三点作圆；会作三角形的外接圆、内切圆；会作圆的内接正方形和正六边形。 4. 图形的投影 　　了解中心投影和平行投影的概念；会画直棱柱、圆柱、圆锥、球的主视图、左视图、俯视图；了解直棱柱、圆锥的侧面展开图。 5. 概率 　　会通过列表、画树状图等方法列出简单随机事件所有可能的结果，以及指定事件发生的所有可能结果，了解事件的概率；了解通过大量的重复试验，可以用频率来估计概率。

丰富思维活动的内涵

为了实现上述课程目标，我们建立了学校数学学科课程框架。

一、学科课程结构

我们依据《义务教育数学课程标准（2011 年版）》，结合学生的知识水平和心理发展特点，将数学课程具体分为"活力运算""活力创想""活力统计""活力体验"四大类别。具体课程结构图如下（见图 1-1）。

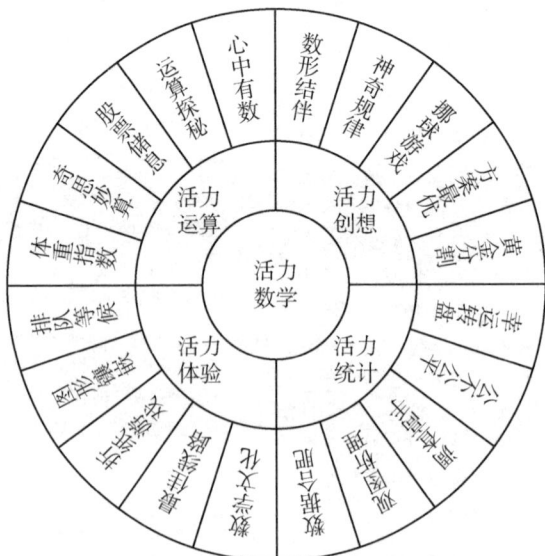

图 1-1 "活力数学"课程结构图

（一）活力运算：通过开展有趣的计算、巧算活动，丰富学生的解题策略，提高孩子的计算兴趣、计算能力，发展思维灵活性。学校开设"心中有数""运算探秘""股票储息""奇思妙算"和"体重指数"课程。

（二）活力创想：根据孩子已有的生活经验和不同的认知规律，调动孩子多种感官进行探究活动，课程聚焦图形与几何领域，经历剪、拼、画等动手操作活动，有效探究图形与几何的世界，进一步发展孩子的空间观念和空间思维能力。学校开设"数形结伴""神奇规律""挪球游戏""方案最优"和"黄金分割"课程。

（三）活力统计：注重发展孩子对事物或数据的分析能力，经历收集、整理、描述和分析数据的过程，能用自己的方式呈现结果，并体会统计价值，发展统计观念。学校开设"数据合肥""观图析理""调查高手""公不公平"和"幸运转盘"课程。

（四）活力体验：实践活动需要根据实际情景，设计解决具体问题的方案，从而建立模型、解决问题。通过对有关问题的探讨，有助于帮助孩子体验数学与现实生活的内在联系，发展应用意识和创新能力。学校开设"排队等候""图形镶嵌""折纸游戏""最佳线路"和"数学文化"课程。

二、各年级课程设置

我校数学学科按照各年级主题，有层次、有梯度地开发了各年级的拓展课程。该课程以多种不同的形式，丰富学生思维活动的内涵，指导学生探索数学中有趣的知识，感受数学的魅力，绘制的课程设置表格如下（见表1-2）。

表1-2 "活力数学"课程设置表

课程类别 / 学年 / 学期	活力运算	活力创想	活力统计	活力体验
七年级 上学期	心中有数	数形结伴	数据合肥	排队等候
七年级 下学期	运算探秘	神奇规律		图形镶嵌
八年级 上学期	股票储息	挪球游戏	观图析理	折纸游戏
八年级 下学期	奇思妙算		调查高手	最佳线路

学年 \ 学期 \ 课程类别		活力运算	活力创想	活力统计	活力体验
九年级	上学期	体重指数	方案最优	公不公平	数学文化
	下学期		黄金分割	幸运转盘	

领略数学思维的魅力

　　"活力数学"课程依据学科课程理念、课程目标、课程设置，结合学校现状、师生特点，从五个方面设计"实施与评价"，即"活力课堂""活力社团""活力实践""活力阅读"和"活力展示"，旨在践行"让孩子思维焕发生命活力，享受生命成长的快乐"的课程理念，让学生真正领略数学思维的魅力。

一、构建"活力课堂"，彰显数学课堂的新方向

　　"活力课堂"的特征为：内容活、经验活、情景活，其实质上是师生双方的知识活、经验活、智力活、能力活、情感活、精神活、生命活。"活"意味着师生双方潜能的开发、内心的敞亮、主体的弘扬、精神的唤醒和个性的彰显；意味着师生双方经验的交流、思想的融合与精神的共鸣。

（一）"活力课堂"的要素

　　"活力课堂"倡导教学是激发和维持学生自我学习及自我实现的过程，其实施策略是引发学生的好奇心，唤起学生的思考，激发课堂活力。基于这样的思考，结合数学学科教学实际，提出以下"活力数学"四要素：

　　一是创设情境，激发活力。在教学实践中，根据学习内容，深挖教学资源，创设有趣情境，从而调动学生学习的积极性，激发课堂的活力。

　　二是师生互动，敢于质疑。师生有组织、有主题地讨论和交流。在互动质疑中，深入思考，分享方法，体验成功，达到对所学内容全面、正确的理解。

三是展示研讨，活力分享。展示分享，达成共识，体验活力分享。师生在展示中对展现的策略、态度等及时评价，以评价引导与鼓励自我纠正、反思与提高。

四是拓展延伸，共同进步。这是师生学习的延展，也是对学习目标达成情况的监测与评价，更是将学习内容进行扩展与应用，体现师生教学相长，共同进步。

（二）"活力课堂"的评价要求

根据"活力课堂"的实施内容和学生特点，我们从"教材与目标""教法实施""教学活动"等方面，制定了"活力课堂"评价表（见表1-3）。

表1-3　"活力课堂"评价表

评价要素		评价具体标准	评价		
			☆ ☆ ☆	☆ ☆	☆
教材与目标		1. 结合课标，制定准确的教学目标。			
		2. 制定的目标符合学生情况，适合学生发展。			
		3. 依据教学目标，选择合理的教学内容，重难点突出。			
		4. 能对教材进行整合或者创新，创造性地运用教材。			
教法实施		1. 教学方法多样有效，突破教学重难点。			
		2. 教学环节环环相扣，循序渐进。			
		3. 提出的问题精准，有探究的价值。			
		4. 注重师生互动、生生互动，给予学生自主学习的空间，通过小组合作、展示交流等形式，培养学生探究式的学习能力。			
教学活动	学习效果	1. 完成预期教学任务，大多数学生达到教学目标。			
		2. 不同层次的学生在原有水平上得到相应的提高。			
		3. 师生互动，生生互动，教学相长。			
		4. 学生通过融洽、愉悦的课堂活动，得到丰富的知识，形成一定的技能，体验到成功与快乐。			
	课堂评价	1. 教师、学生、小组多主体参与评价。			
		2. 采用多样的评价方式，对学生知识、技能、情感、态度、价值观等多方面进行指向性与激励性评价。			

评价要素		评价具体标准	评价		
			☆☆☆	☆☆	☆
教师表现		1. 教师语言精准生动、严谨合理、有逻辑性，善于处理突发事件。			
		2. 能驾驭课堂教学，营造和谐的氛围，引导学生质疑、释疑。			
		3. 板书工整、规范，布局合理。			
		4. 利用多媒体进行辅助教学，达成教学目标。			

二、立足"活力社团"，丰富数学课程的内容

学生社团是现代学校建设的重要资源，随着课程内容的不断拓展，学生社团已经成为学生自主管理的新型课程，是实施素质教育的重要内容。"活力社团"运用学生喜欢的活动形式和学习资源来引导学生探究数学知识、体会数学价值，在学校校园文化建设中起到了提升层次、构建载体、凝聚学生、群体示范的作用，从而形成学校的品牌项目。

（一）"活力社团"的主要类型及内容

我们根据学校特色、学校资源和学生身心发展规律开发了"活力社团"，"活力社团"建设以"活、力"为主导，主要活动有：一次神奇的"*math*"旅行、"扑克牌的秘密"和"理财部落"。通过生动、有趣的活动形式，培养学生的乐趣、兴趣、情趣，提高探究数学问题的能力，为学生提供一个乐学、善思、学有所长、快乐成长的平台。通过这一平台，激发学生学习兴趣，培养学生的审美情趣，从而开阔眼界，拓展知识，开发思维，提高能力。

社团课程是彰显学校特色的核心因素，作为培养学生专业素养的第二课堂，以其更丰富的活动内容、更灵活的活动方式、更广大的活动空间，深受学生的欢迎。社团规模也不断扩大，日益丰富，"活力社团"已然成为学生发展特长、提升素养的一片"新天地"。

"活力社团"从数学的文化性、趣味性、广泛性、生活性等方面，开展了"游戏类、应用类"数学社团。游戏类社团，通过网络益智游戏、情境类

游戏，提升学生手、脑协调能力及专注力，让学生感受数学的趣味与快乐。应用类社团，通过发现问题、挖掘潜能等，让学生经历动手操作、实验、辩论等活动，体会数学与生活的关系。

社团可以由教师组织，也可以由学生组织，分为 10 人以下的"微社团"、以班级为单位的"大社团"、年级团建的"特色社团"。团长要根据需要制定社会实施方案，确定社团的活动主题、内容和形式；学生可根据自己的兴趣选择不同类别的社团进行活动；最后结合"活力嘉年华"，以活动展示、图片展示、作品展示等形式，开展静态与动态相结合的社团成果汇报活动。

（二）"活力社团"的评价标准

为了促进"活力社团"的有效实施，我们制定了社团课程活动评价表（见表 1-4）。

表 1-4　"社团活力"课程活动评价表

评价目标	目标描述	评价结果		
		☆☆☆	☆☆	☆
理念体现	掌握课程的基本理念和教学模式，坚持素质教育，彰显多元能力、学科素养的和谐共融。			
活动目标的制定与达成	根据学生特点与课程特点，制定明确、具体、切实可行的教学目标，符合学生实际。			
活动内容设置的适切性	教学内容选择适宜、生动有趣、贴近生活，与教学目标一致，有利于学习目标的达成。			
指导方法的多样性	教学方法灵活多样、动静相宜、效果明显，符合学生的特点，为学生所喜爱。			
活动组织的有效性	教学结构清晰合理、新颖有效，各环节连接自然流畅，充分体现教师的主导作用。			
指导教师的专业素养	教师对课程准确把握，对知识理解透彻，对技能操作到位。教师仪表、教态、语言恰到好处。			

三、注重"活力实践"，促进数学学习方式的变革

"活力实践"活动让学生参与到生活中，经历问题调查、研究和解决

的过程，从而培养学生主动探究、解决问题的能力，并形成研究成果和作品。

（一）"活力实践"的实施与操作

作为基础教育的数学学科，从学习角度来说，涵盖自我、学校、社区、社会等各个领域；从学习内容来说，包含数与代数、图形与几何、统计与概率、综合与实践，内容丰富充实；从学习方式来说，自主学习、同伴互助、师生合作、家校协作等交织互促。这一系列的特点为"趣探实践"活动的实施提供了可能性和空间。

按照"活力实践"学习的内容特点，我校数学学科的实践活动分为嵌入学期中的特色学科活动和分散在寒暑假的学科实践项目（见表1-5）。

表1-5　"活力实践"活动主题一览表

组别	活动主题	具体做法和要求	作品呈现形式
七数	新年账单	新年是非常重要也非常传统的节日，家家都置办年货，孩子作为家庭成员，参与其中，分享快乐，也贡献力量，增长智慧。结合七年级数学，我们认为让学生记录新年开支非常合适，能让学生既感受数学在身边，又认识新的数，并积累生活经验。	手抄报 视　频 照　片
八数	压岁钱 献孝心	制定《用压岁钱给长辈买礼物》的方案，并进行实施，要求把活动经历写成数学日记。	手抄报 视　频 照　片
九数	合理搭配 年夜饭	国家提倡"厉行节约、反对浪费"。年夜饭应该荤素合理搭配、均衡营养才最有利于身体健康。所以，我们可以根据家庭人数和喜好来购买年货，准备年夜饭食材，避免浪费，搭配出丰富营养的菜品。	研究报告 视　频 照　片

（二）"活力实践"的评价标准

"活力实践"愈发关注学生的参与能力、探究能力、创新能力、团队合作等各方面能力的培养和发展，基于此标准，学校在设计评价标准和量规时，尤其关注学生在这些方面的表现，并尝试结合班级、年级、校级等多层面的赛事，助推学生项目式学习的开展和实施。

"活力实践"评价的重点不是针对学生，而是全面了解学生的学习行为和学习历程，主要从参与意识、实践能力、合作意识、创新能力、综合表现和学习效果这六个内容开展评价，全方位反映学生在课程中的综合能力表现（见表1-6）。

表1-6 "活力实践"学生发展评价表

评价要素	评价等级			自评	同学互评	师评
	优秀☆☆☆	良好☆☆	合格☆			
参与意识	积极参与主动性强	积极参与欠主动	能够参与			
实践能力	很强	较强	一般			
合作意识	有较强交往能力，合作能力强	能顾全大局，会与人合作	有合作意识			
创新能力	意识明显，思维活跃	有创新意识	表现一般			
综合表现	积极主动，思维活跃，表现突出	积极参与，展示自我	安于现状，表现一般			
学习效果	成果丰富，过程详细，资料完备，形成了个人的观点和见解	有一定的成果，基本形成了自己的看法，内容有待进一步完善	浅层次尝试，有点式的收获和思考，缺乏系统化认识			
我的收获：						
老师寄语：						

四、开展"活力阅读"，展示数学学习的丰硕成果

在学习新的知识、运用数学知识解决实际问题时都离不开数学阅读。有效的数学阅读能够发展学生的思维，提升学生的素养。因而为了提高学生的数学阅读能力，我们开展了"活力阅读"。

（一）"活力阅读"的内容及实施操作

开展"活力阅读"成果展示会。每学期都组织学生阅读1本数学类的书籍，10月份组织学生总结自己的阅读收获、感受，参加10月底的"活力阅读"成果展示会。展示形式可以是文字（手抄报、思维导图），也可以是演

讲。以班级为单位初选，再全校展评。

（二）"活力阅读"的内容评价标准

为了激发学生参与"活力阅读"的积极性，确保"活力阅读"成果展示会的有效开展，我们制定了"活力阅读"成果展示评价表（见表1-7）。

表1-7 "活力阅读"成果展示评价表

评价指标		评价			
		自评	互评	指导教师评价	综合评价
文字类成果	认真阅读，读有所悟				
	表达思路清晰				
	使人容易理解				
	页面布局合理、美观				
演讲类成果	认真阅读，读有所悟				
	普通话标准，口齿清晰				
	思路清晰、易理解				
	自信、大方，有良好的舞台风范				
	感染力强				

五、开设"活力展示"，提升学生的创新能力

开展"活力展示"活动，每学期组织一次展评活动，发展学生的特性、特长，展示学生的风采。

（一）"活力展示"的内容与实施操作

1. 数学小课题展示。每年寒假组织全校范围内的数学小课题展示比赛，开学初以班级为单位推荐优秀作品，进行全校展示。

2. "绿色低碳"创展。暑假期间，鼓励学生运用数学知识把家里的废弃物品变废为宝，设计成一些常用的物品、装饰品。这样既美化环境，又为日常生活提供便利，同时也培养了学生的创新意识和应用意识。"绿色低碳"创展每年9月举行，先由班级展示、初评，再全校展评。

（二）"活力展示"的评价标准

根据"活力展示"活动的主题和内容，我们制定了学生作品评价表（见

表1-8）。

表1-8 "活力展示"活动学生作品评价表

作者姓名	主题鲜明	内容丰富、颜色得当	创意新颖、形式活泼	绿色低碳、体现环保	原创设计、难易度适中	精细度较高	整体布局得体	总分	等级

综上所述，"活力数学"活动秉承"让孩子思维焕发生命活力，享受生命成长的快乐"的课程理念，通过"活力课堂""活力社团""活力实践""活力阅读"和"活力展示"来践行这一学科理念。该课程具有"开放性"和"能动性"的特点，不仅较好地达成了数学课程目标，更丰富了课程内容的开发与实施，丰富了学生的视野，拓展了学生的思维，有利于学生数学核心素养的发展，让每个学生的思维焕发生命的活力。

（撰稿人：许金柱 陆中平 虞乐 李保干 安慧君 侯书山 刘婷婷 周吉）

第二章

借助美学
启迪思维

　　数学教学是一门创造性的艺术，把创造数学的美与培养学生的创造性思维统一，是数学课程的使命之一。数学之美是图形、数字、运算和关系等各种范畴的融合之美。数学之美诞生于思维与创造融合过程之中，数学之美体现在内容、结构和方法等方面的内在之美，数学思维发展应尽可能给予孩子们展现数学美的机会。

数学美有简洁美、图形美、对称美和奇异美等。应用数学美，可以启发学生的思维，更好地发展学生的智力。数学的美可以让数学课程更加丰富，可以让学生体验数学内容的包罗万象，建构立体的数学思维，加深对数学知识的理解，感受数学的澄澈之美。随着科技的进步和社会的不断发展，数学的美对数学发展的影响越来越重要。数学的美在我们的日常生活中无处不在，它能启发孩子的思维；促使我们更多地关注数学的美；更好地感悟数学的美是一种深邃的历史美、鲜明的对比美、深刻的逻辑美，更是一种富有思维启迪性质的辩证美。让学生在数学智慧的生长中感悟数学的统一美、协调美和抽象美。

《普通高中数学课程标准（2017 年版）》指出："数学在形成学生的理性思维、科学精神和促进智力发展的过程中发挥着不可替代的作用。数学素养是现代社会每一个人应该具备的基本素养。"[1] 高中阶段是学生人生成长的重要阶段，高中数学教育应当满足和适应学生在义务教育阶段之后自主而富有个性发展的学习需求，为学生的终身发展奠定基础。

合肥市第十七中学数学学科课程群建设提出"达美数学"的学科理念，让学生探索、发现、感悟数学之美，探数学之美而达万物之理，意即先探数学之美，再达万物之理，给学生构建共同基础，提供发展平台，在人与世界之间搭起一座座数学的"立交桥"。以此美化学生的数学学习之旅，促使学生在数学学习中提升自信，磨炼意志，启迪思维。

达美数学：让学生感受数学之美

合肥市第十七中学是一所建校于 1969 年的普通高级中学。近年来，学校积极创建"艺体"特色学校，在德育、艺体教育、课程改革和教学质量等方面均取得了显著成绩。学校数学组现有 22 位教师，其中 1 人是合肥市"学科带头人"、3 人是合肥市骨干教师。在大家的努力下，数学组获得了合肥市

---

[1] 中华人民共和国教育部. 普通高中数学课程标准（2017 年版）[S]. 北京：人民教育出版社，2017：5.

"先进教研组"称号，组内老师也在各级各类比赛中屡获佳绩，为学校的发展作出了重要贡献。为提升数学课程品质，依据中共中央办公厅、国务院办公厅《关于深化教育体制机制改革的意见》《关于新时代推进普通高中育人方式改革的指导意见》，教育部《关于全面深化课程改革落实立德树人根本任务的意见》（教基二 ［2014］ 4 号）、《关于当前加强中小学管理规范办学行为的指导意见》（教基一 ［2009］ 7 号），以及《普通高中数学课程标准（2017 年版）》等文件精神，结合学校实际，学校推进了数学学科课程群建设，并取得了显著成效。

第一节

感悟不同的数学之美

一、学科性质

《普通高中数学课程标准（2017 年版）》指出："数学是研究数量关系和空间形式的一门科学。数学源于对现实世界的抽象，通过符号运算、形式推理、模型构建等，理解和表达现实世界中事物的本质、关系和规律。数学与人类生活和社会发展紧密联系。数学不仅是运算和推理的工具，还是表达和交流的语言。数学承载着思想和文化，是人类文明的重要组成部分。数学是自然科学的重要基础，并且在社会科学中发挥越来越重大的作用，数学的应用已渗透到现代社会及人们日常生活的各个方面。"[①]

"高中数学课程是义务教育阶段后普通高中的主要课程，具有基础性、选择性和发展性。"[②] 结合合肥市第十七中学数学教学实际，我们认为：高中数学课程有自身具体的育人目标和任务，同时也应为学生的个人发展提供不同的选择，进而为学生完善自身、认识世界提供数学的思想和方法。

二、学科课程理念

《普通高中数学课程标准（2017 年版）》指出："数学在形成人的理性思

---

① 中华人民共和国教育部. 普通高中数学课程标准（2017 年版）[S]. 北京：人民教育出版社，2018：1.

② 中华人民共和国教育部. 普通高中数学课程标准（2017 年版）[S]. 北京：人民教育出版社，2018：2.

维、科学精神和促进个人智力发展的过程中发挥着不可替代的作用。数学素养是现代社会每一个人应该具备的基本素养。"① 我们认为，在学科内部，高中数学是承上启下的关键一节，既是在义务教育基础上的进一步提高，也是为学生后续大学学习作准备；在学科之间，它还是为相关学科的学习提供知识和思想方法的工具。从培养人的角度出发，高中阶段是学生人生成长的重要阶段，高中数学教育应当满足和适应学生在义务教育阶段之后的自主而富有个性发展的学习需求，为学生的终身发展奠定基础。《庄子·知北游》中记载"圣人者，原天地之美而达万物之理"，我们把数学学科课程定位为"达美数学"，意即让学生达数学之美而成发展之人，以致明万物之理。给学生构建共同基础，提供发展平台，在人与世界之间搭起一座座数学的"立交桥"。

（一）"达美数学"达数学之美

"高中数学教育应首先帮助学生掌握现代生活和进一步学习所必需的数学知识、技能、思想和方法。"② "达美数学"从学生学习实际出发，注重激发学生学习兴趣，培养学生良好的数学学习习惯。在鼓励学生独立思考、自主学习的同时，亦能通过合作交流等不同学习方式，发展学生的数学素养，帮助有不同层次需求的学生获得相应的发展，并不断引导学生感悟数学的科学、应用、文化和审美价值，以达数学之美。

（二）"达美数学"达发展之人

"达美数学"力求促进学生的全面发展，主张面向全体学生，以学生的发展为本，为学生的未来发展奠基，让不同的人得到不同的发展。因此"达美数学"关注学生学习的结果，更重视学生学习的过程；关注学生知识技能的掌握，更关注数学学科核心素养的形成和发展。在激发学生学习兴趣的同时，帮助学生正确认识自己，提升学生的自信，以达发展之人。

（三）"达美数学"达万物之理

"达美数学"力图引导学生学会从数学的角度观察世界、思考世界，表

---

① 中华人民共和国教育部. 普通高中数学课程标准（2017 年版）［S］. 北京：人民教育出版社，2018：1.
② 中华人民共和国教育部. 普通高中数学课程标准（2017 年版）［S］. 北京：人民教育出版社，2018：2.

达世界；促进学生思维能力、实践能力和创新意识的发展，帮助学生在数学学习中提升自信，磨炼意志，形成正确的人生观、价值观、世界观，以达万物之理。

总之，我们希望实现：让每一个学生都能得到良好的数学教育，让不同的人感悟不同的数学之美。

揭开数学的澄澈之美

  《普通高中数学课程标准（2017 年版）》指出："通过高中数学课程的学习，学生能获得进一步学习以及未来发展所必需的数学基础知识、基本技能、基本思想、基本活动经验（简称"四基"）；提高从数学角度发现和提出问题的能力、分析和解决问题的能力（简称"四能"）。在学习数学和应用数学的过程中，学生能发展数学抽象、逻辑推理、数学建模、直观想象、数学运算、数据分析等数学学科核心素养。"①

  因此，我们希望通过数学学习，学生能获得关键能力的提升，获得一定的用数学解决问题的实践能力和创新能力；能形成良好的数学思维、严谨求实的数学学习态度，激发学习数学的兴趣，提升学习自信，磨砺学习意志；能认识数学的内在价值，感悟数学的澄澈之美。

一、学科课程总目标

  基于《普通高中数学课程标准（2017 年版）》对课程目标的阐述与要求，以及"达美数学"课程理念，确定"达美数学"的学科课程总体目标。

（一）关键能力提升

  获得适应社会生活和进一步发展所必需的基础知识、技能、思想和活动经验；增强发现问题、提出问题、分析问题和解决问题的能力；善于将学过

---

① 中华人民共和国教育部. 普通高中数学课程标准（2017 年版）［S］. 北京：人民教育出版社，2018：8.

的知识构建成网状体系，整体认知，宏观把握；提高数学学习的实践能力、创新能力、审美能力。

（二）数学思维衍生

培养与发展数学学科核心素养；认识数学的价值，学会用数学的眼光观察世界，用数学的思维思考世界，用数学的语言表达世界。促进学生思维能力、创新意识的发展。经历唯有通过数学学习才能获得的体验，具备独有的数学思维方式并能衍生再创造。

（三）必备品格养成

激发数学学习兴趣，增强学好数学的信心；养成良好的学习习惯，具备初步的科学态度和创新意识；体会数学知识内部、数学与其他学科、数学与生活和世界之间的联系；学会从数学的角度认识世界，逐步形成正确的观念。体验数学学科之美，形成对数学热爱和崇拜的精神与态度，保持持久的学习动力。

二、学科课程年级目标

基于"达美数学"课程的学科性质和学科课程理念，按照实现"达美数学"学科目标的设想，结合当下高中教学实际（以高一、高二年级为例），制定以下学科课程年级目标（见表2-1）。

表2-1 "达美数学"年级课程目标表①

学期\单元		第一单元	第二单元	第三单元	第四单元	第五单元
高一年级	上学期	1. 能够在现实情境或数学情境中，概括出数学对象的一般特征，并用几何语言予以表达。 2. 初步学会用三种语言	1. 能够从函数观点认识方程和不等式，感悟数学知识之间的关联，认识函数的重要性。 2. 掌握等式与不等式的性质。	1. 能够从两个变量之间的依赖关系、实数集合之间的对应关系、函数图象的几何直观等多个角度，理解函数的意义与数学	1. 掌握一些基本函数类（一元一次函数、反比例函数、一元二次函数、幂函数、指数函数、对数函数等）的背景、	1. 掌握三角函数的背景、概念和性质。 2. 能够对简单的实际问题，选择适当的函数构建数学模型解决问题；能

① 中华人民共和国教育部. 普通高中数学课程标准（2017年版）[S]. 北京：人民教育出版社，2018.

单元＼学期	第一单元	第二单元	第三单元	第四单元	第五单元
	（自然语言、图形语言、符号语言）表达数学研究对象，并能进行转换。掌握集合的基本关系与基本运算。3. 能够借助常用逻辑用语进行数学表达、论证和交流，体会常用逻辑用语在数学中的作用。	3. 重点提升数学抽象、逻辑推理和数学运算素养。	表达。2. 理解函数符号表达与抽象定义之间的关联，知道函数抽象概念的意义。3. 能够理解函数的单调性、最大（小）值，了解函数的奇偶性和周期性。	概念和性质。2. 学会用函数图象和代数运算的方法研究这些函数的性质，理解这些函数中所蕴含的运算规律。3. 运用这些函数建立模型，解决简单的实际问题，体会这些函数在解决实际问题中的作用。	够从函数的观点认识方程，并运用函数的性质求方程的近似解；能够从函数的观点认识不等式，并运用函数的性质解不等式。3. 重点提升数学抽象、数学建模、数学运算、直观想象和逻辑推理素养。
下学期	1. 能够从多种角度理解向量概念和运算法则，掌握向量基本定理。2. 能够运用向量运算解决简单的几何和物理问题，知道数学运算与逻辑推理的关系。	1. 能够理解复数的概念。2. 掌握复数代数表示式的四则运算。3. 适当融入数学文化，体会数系扩充中理性思维的作用。	1. 能够通过直观图形理解空间图形，掌握基本空间图形及其简单组合体的概念和基本特征，解决简单的实际问题。2. 能够运用图形的概念描述图形的基本关系和基本结构。3. 能够证明简单的几何命题（平行、垂直的性质定理），并会进行简单应用。4. 重点提升直观想象、逻辑推理、数学运算和数学抽象素养。	1. 能够掌握古典概型的基本特征，根据实际问题构建概率模型，解决简单的实际问题。2. 能够借助古典概型初步认识有限样本空间、随机事件，以及随机事件的概率。3. 重点提升数据分析、数学建模、逻辑推理和数学运算素养。	1. 能根据实际问题的需求，选择恰当的抽样方法获取样本数据，并从中提取需要的数字特征推断总体。能够正确运用数据分析的方法解决简单的实际问题。2. 能够区别统计思维与确定性思维的差异，归纳推断与演绎证明的差异；能够结合具体问题，理解统计推断结果的或然性，正确运用统计结果解释实际问题。

赋能思维：中学数学学科课程群设计

学期 \ 单元	第一单元	第二单元	第三单元	第四单元	第五单元
高二年级 上学期	1. 能够结合具体实例，理解通项公式对于数列的重要性，知道通项公式是这类函数的解析表达式。 2. 通过等差数列和等比数列的研究，感悟数列是可以用来刻画现实世界中一类具有递推规律事物的数学模型，掌握通项公式与前 n 项公式的关系。 3. 能够运用数列解决简单的实际问题。	1. 能够通过具体情境，直观理解导数概念，感悟极限思想，知道极限思想是人类深刻认识和表达现实世界必备的思维品质。 2. 理解导数是一种借助极限的运算，掌握导数的基本运算规则，能求简单函数和简单复合函数的导数。 3. 能够运用导数解决简单的实际问题。知道微积分创立过程，以及微积分对数学发展的作用。	1. 能够理解空间向量的概念、运算、背景和作用，能够依托空间向量建立空间图形及图形关系的想象力。 2. 能够掌握空间向量基本定理，体会其作用并能简单应用。 3. 能够利用空间向量解决一些简单的实际问题，体会用向量解决一类问题的思路。	能够掌握平面解析几何解决问题的基本过程：根据具体问题情境的特点，建立平面直角坐标系；根据几何问题和图形的特点，用代数语言把几何问题转化为代数问题；根据对几何问题（图形）的分析，探索解决问题的思路；运用代数方法得到结论；给出代数结论合理的几何解释，解决几何问题。	1. 能够根据不同的情境，建立平面直线和圆的方程，建立椭圆、抛物线、双曲线的标准方程，能够运用代数的方法研究上述曲线之间的基本关系，能够运用平面解析几何的思想解决一些简单的实际问题。 2. 重点提升直观想象、数学运算、数学建模、逻辑推理和数学抽象素养。
高二年级 下学期	1. 能够结合具体实例，识别和理解分类加法计数原理和分步乘法计数原理及其作用，并能够运用这些原理解决简单的实际问题。 2. 能够结合具体实例，理解排列、组合、二项式定理与两个计数原理	1. 能够结合具体实例，理解随机事件的独立性和条件概率的关系，理解离散型随机变量在描述随机现象中的作用，掌握两个基本概率模型及其应用。 2. 了解正态分布的作用，进一步深入理解随机思想在	1. 能够解决成对数据统计相关性的简单实际问题；能够结合具体实例，掌握运用一元线性回归分析的方法；掌握运用 2×2 列联表的方法，解决独立性检验的简单实际问题。 2. 重点提升数据分析、数	1. 能够在数列极限的基础上建立函数极限和连续的概念。 2. 学会在具体的情境中用极限刻画函数，掌握借助导数研究函数性质的一般方法。 3. 能通过极限建立微分和积分的概念，	1. 能够通过系统学习三维空间的向量代数，表述各种运算的几何背景，实现几何与代数的融合。 2. 了解矩阵与行列式的概念，会利用矩阵理论解三元一次方程组。 3. 能利用向量代数，讨论三

单元 学期	第一单元	第二单元	第三单元	第四单元	第五单元
	的关系，能够运用两个计数原理推导排列、组合、二项式定理的相关公式，并能够运用它们解决简单的实际问题，特别是概率中的某些问题。	解决实际问题中的作用。	学建模、逻辑推理、数学运算和数学抽象素养。	阐述微分和积分的关系及其应用。	维中点、直线、平面的位置关系与度量。 4. 能利用直观想象建立平面和空间的等距变换理论。

总之，学科课程的总目标和年级目标在课程设计和教学活动组织中，相互渗透，有机融合，共同促进学生数学学科核心素养的发展。

第三节

提升数学思维的文化张力

在国家课程实施的基础上，数学教学以学生数学素养的形成发展为目标，从学校、家庭、社会等多个渠道充分挖掘课程资源，按照数学核心素养要求的维度延伸、拓展，开发了一系列课程，形成了"达美数学"课程群，建构了"达美数学"学习通道，满足不同学生的发展需要，提升数学思维的文化张力。

一、学科课程结构

根据教师、学生及本校资源，按照《普通高中数学课程标准（2017年版）》的"函数""几何与代数""概率与统计""数学建模与探究活动"四大主题内容，以人民教育出版社 A 版教科书为主要教材与学材范本，学校将"达美数学"课程划分为"达美函数""达美数形""达美统计""达美实践"四大类别，并在每一类别中，开辟如"数学与文化""数学与生活"等相关课程，凸显数学的文化价值、应用价值。具体课程结构如下（见图 2-1）。

（一）"达美函数"："函数是现代数学最基本的概念，是描述客观世界中变量关系和规律的最为基本的数学语言和工具，在解决实际问题中发挥重要作用。"[①] 本课程将再现函数概念发生、发展的全过程，展现还在不断变化的函数内涵。

---

① 中华人民共和国教育部. 普通高中数学课程标准（2017年版）[S]. 北京：人民教育出版社，2018:18.

数学抽象

导数应用　微积分入门　数列应用
数论拾趣　　　　　　　　　数学建模
统计与生活　函数史话　航海与天文　三角函数　数学与信息
逻辑推理　初等函数
统计初步　达美函数　数学模型
概率与生活　概率初步　　　　数学与美　数学与物理
计数原理　达美统计　达美数学　达美实践
统计案例　　　　　　数学与文化　数学与化学
数据分析　达美数形
社会调查　　　　数学与生活
平面向量　解析几何　数学与生物
复数史话　空间向量
矩阵理论入门　　　等距变换　　数学运算
机器人与数学　线性方程组

数据分析

直观想象

图 2-1　"达美数学"课程结构图

（二）"达美数形"："几何与代数是高中数学课程的主线之一，突出几何直观与代数运算之间的融合，即通过形与数的结合，感悟数学知识之间的关联，加强对数学整体性的理解。"[1] 本课程包括空间向量、解析几何、复数史话以及矩阵理论入门等。

（三）"达美统计"："概率的研究对象是随机现象，为人们从不确定性的角度认识客观世界提供重要的思维模型和解决问题的方法。统计的研究对象是数据，核心是数据分析。概率为统计的发展提供理论基础。"[2] 本课程将突出统计与概率在生活中的应用，通过具体的实例，让学生更好地理解统计的思想，包括统计案例、数据分析等。

---

[1] 中华人民共和国教育部. 普通高中数学课程标准（2017 年版）[S]. 北京：人民教育出版社，2018：25.

[2] 中华人民共和国教育部. 普通高中数学课程标准（2017 年版）[S]. 北京：人民教育出版社，2018：30.

（四）"达美实践"：达美实践课程以"数学模型"活动为开端，"对现实问题进行数学抽象. 用数学语言表达问题，用数学方法构建模型解决问题。"① 本课程将探讨数学在相关学科（如物理、化学、信息等）中的应用，展现数学与美、数学与生活、数学与文化的密切联系。

二、学科课程设置

依据《普通高中数学课程标准（2017 年版）》要求，结合"达美数学"课程的理念与目标，基于数学的四大领域开发相应的课程，结合目前高中教学实际，将"达美数学"具体课程设置如下（以高一、高二年级为例）（见表2-2）。

表2-2　"达美数学"课程设置表

年级	学期	达美函数	达美数形	达美统计	达美实践
高一年级	上学期	初等函数	平面向量	统计初步	数学与物理
		函数史话	矩阵理论入门	统计与生活	数学与美
	下学期	航海与天文	复数史话	概率初步	数学与化学
		三角函数	机器人与数学	概率与生活	数学与文化
高二年级	上学期	数列应用	空间向量	统计案例	数学与信息
		数论拾趣	线性方程组	数据分析	数学·模型
	下学期	导数应用	解析几何	计数原理	数学与生物
		微积分入门	等距变换	社会调查	数学与生活

---

① 中华人民共和国教育部. 普通高中数学课程标准（2017 年版）［S］. 北京：人民教育出版社，2018:34.

第四节

以欣赏美的方式学习数学

《普通高中数学课程标准（2017 年版）》指出："在教学活动中，教师应准确把握课程目标、课程内容、学业质量的要求，合理设计教学目标，并通过相应的教学实施，在学生掌握知识技能的同时，促进数学学科核心素养的提升及水平的达成。在教学与评价中，要关注学生对具体内容的掌握情况，更要关注学生数学学科核心素养水平的体现；要关注数学学科核心素养各要素的不同特征及要求，更要关注数学学科核心素养的综合性与整体性。教师应结合相应的教学内容，落实'四基'、培养'四能'，促进学生数学学科核心素养的形成和发展，达到相应水平的要求，部分学生可以达到更高水平的要求。"①

为了保证"达美数学"课程的有效实施和持续发展，我校课程组对照以上要求，结合前期数学课堂的教学、数学社团的实施、数学实践活动的组织等各方面经验，通过教师研讨、调研学生、资料整理等途径，寻求课程实施的有效方法，并以科学、有效、立体的评价保证课程的顺利开展。让美学的思想走进数学课堂，让学生学会以美学的方式学习数学，发现数学中的美，促进学生对数学内涵的理解。

一、构建"达美课堂"，彰显数学课堂的理念

我们的"达美课堂"学习内容有两条主线：一是纵向上，衔接初中，服

---

① 中华人民共和国教育部. 普通高中数学课程标准（2017 年版）［S］. 北京：人民教育出版社，2018：80.

务大学；二是横向上，立足数学，辐射其他学科。因此"达美课堂"的特征为：有理、有趣、有意义的数学课堂。所谓"有理"，是指课堂中学习的内容是以高中数学为基础的，根本目的也是为了促进学生更好地学习数学；"有趣"是指课堂中要有乐趣、激发兴趣、培养情趣，要探究实际问题、经历探究过程；"有意义"是指在学习过程中，使学生对数学感兴趣，积极、主动地参与学习，理解、掌握知识，同时也锻炼学生合作学习的能力、探究能力，让学生体会数学的价值，体现自我的价值。

（一）"达美课堂"的实践与操作

为了实现"达美课堂"的理念，在实践与操作中，我们力求做到：

1. 厘清需求，把握课堂的弹性美。"达美课堂"旨在让不同的学生在数学上得到不同的发展，因此，对于学生的需求力求把握得精准。课堂的深度和广度要符合学生的实际需求，找准学生的学习起点，突出重点，突破难点，实施分层教学，把握教学弹性，让学生在不同的层级上，找到不同的美。

2. 升级结构，处理教学方法的艺术美。"达美课堂"的内容有的涉及到了高中学段以外的数学知识，有的涉及到了高中其他学科的知识。这就要求我们的老师要升级自己的知识结构，包括文化储备、个性特点、语言特色、教学思路等，磨合不熟悉的知识点，选择合适的教法，包括学情预设、生成处理、应变策略等。

3. 点亮学习，调控教学方式的灵活美。鉴于"达美数学"课程的内容特点，我们可以采取更加灵活多样的教学方式。比如在讲到"函数史话"的时候可以采取读书指导法，在讲到"概率与生活"的时候可以采用数学试验的方式，甚至在讲到"数学与美"的时候，可以让学生来主讲，充分调动学生的积极性，提高课堂的参与度。

4. 激发参与，营造教学氛围的趣味美。学生的参与度高了，学习的积极性被调动起来以后，课堂也会变得趣味十足。有了趣味，学生的想象力、探索和表达的愿望都会变得更强烈，在乐趣横生的课堂氛围下，学习会变得简单而高效。

5. 巧用评价，凸显课后反思的深刻美。要关注学生的不同发展。为了契合"达美数学"的理念，让不同的学生得到不同的发展，我们需要关注不同层次学生的发展，而不能仅仅依靠考试成绩。要创设多样的学习评价体系，让学生也能看到自己的进步，获得满足自己发展需要的数学学习。

我们以制定的课程理念为指导，以课程目标为方向，将美学的思想渗透在数学课堂上。在课程实施的过程中，不断打磨，反思教学内容、教学方式是否体现了课程理念，是否有利于课程目标的落实，从而不断完善"达美课堂"。

（二）"达美课堂"的评价标准

"达美课堂"的评价目的不仅是为了考查学生达到学习目标的程度，更是为了检查和改进学生的学习与教师的教学，改善教学设计，完善教学过程，从而更有效地促进学生的个体发展。为了更好地体现课程理念，实现课程目标，我们从"课前""课中""课后"三个阶段入手，以学生的"学"和教师的"教"为对象，根据"达美课堂"的实施内容和学生特点，从"教学目标""教法实施""教学活动"等方面，制定了"达美课堂"评价表（见表2-3）。

表2-3 "达美课堂"评价表

评价要素		评价具体标准	评价		
			☆☆☆	☆☆	☆
教学目标		1. 结合课程标准，制定科学准确的教学目标。			
		2. 制定的目标符合学生情况，适合学生的不同发展。			
		3. 依据教学目标，选择合理的教学内容，重难点突出。			
		4. 能对教材进行整合或者创新，创造性地运用教材。			
教法实施		1. 教学方法多样有效，突破教学重难点。			
		2. 教学环节环环相扣，循序渐进。			
		3. 提出的问题精准、有探究的价值。			
		4. 注重师生互动、生生互动，给予学生自主学习的空间，通过小组合作、展示交流等形式，培养学生探究式的学习能力。			
教学活动	学习效果	1. 完成预期教学任务，大多数学生达到教学目标。			
		2. 不同层次的学生在原有水平上得到相应的提高。			
		3. 师生互动，生生互动，教学相长。			

评价要素		评价具体标准	评价		
			☆☆☆	☆☆	☆
		4. 学生通过融洽、愉悦的课堂活动，得到丰富的知识，形成一定的技能，体验到成功与快乐。			
	课堂评价	1. 教师、学生、小组多主体参与评价。			
		2. 采用多样的评价方式，对学生知识、技能、情感、态度、价值观等多方面进行指向性与激励性评价。			
	教师表现	1. 教师语言精准生动、严谨合理、有逻辑性，善于处理突发事件。			
		2. 能驾驭课堂教学，营造和谐的氛围，引导学生质疑、释疑。			
		3. 板书工整、规范，布局合理。			
		4. 利用多媒体平台进行辅助教学，针对性强。			

二、立足"达美社团"，丰富数学课程的内容

学生社团是现代学校建设的重要资源，随着课程内容的不断拓展，学生社团已经成为发展学生自主管理的新型课程。"达美社团"以"美、理"为核心，以学生喜闻乐见的活动形式、学习资源为载体，引导学生探寻数学知识、感悟数学价值，在学校校园文化建设中起到了提升层次、构建载体、凝聚学生、群体示范的作用，从而形成学校的品牌项目。

（一）"达美社团"的主要类型及内容

我校根据学校特色、学校资源、学生身心发展规律开发了"达美社团"，"达美社团"建设以"美、理"为主导，与学校"达美数学课程"四大模块相呼应，创立了"善兰社""冲之社""景润社""罗庚社"等分社。每个分社亦有各自的特色项目，如："函数史话小讲座""机器人与数学展""家庭理财""地方建筑与数学报告""家乡经济发展的社会调查与数据分析"等。通过生动、有趣的活动形式，培养学生的乐趣、兴趣、情趣及探究数学问题的能力，为学生提供一个乐学、善思、学有所长、快乐成长的平台。通过这一平台激发学习兴趣，培养学生的审美情趣，让学生开阔眼界、拓展知识、

开发思维、提高能力。

1. 精心打造，紧扣课程理念。社团课程的选择和开发不是随意的、盲目的，是紧紧围绕着实现课程理念这一目标而精心打造的。课程不追求多，追求适合每一个学生的不同需求。因此我们分成四个分社，尽可能照顾到每一个参与学生的学习与发展。

2. 悉心分析，引导学生选择。选择了"达美社团"的学生都是在数学学习上有兴趣或者至少是有需求的，然而他们各自对数学学习的需求又不完全相同，因此，我们需要首先分析学生的需求特点，结合我们四个分社的课程活动特点，引导学生合理选择，让社团活动的价值最大化。

3. 用心准备，扎实开展活动。为了提升"达美社团"的实施效果，成立之初，关于社团的制度章程、活动办法、社团纲要、案例设计、评价量表都要有全面的准备，每一次社团活动做到定内容、定时间，课上学习要有记录，课下交流重反思。

4. 匠心梳理，丰富展示平台。社团课程的建设和打造是为了给学生又一个接触数学、理解数学的平台，是为了调动学生学习的积极性，鼓励学生钻研发展，在一定范围内的交流和展示将为学生提供更好的相互学习的途径，有助于提升学生的信心，帮助学生成长。

社团课程是彰显学校特色的核心因素，作为培养学生学科素养的第二课堂，以其更丰富多彩的活动内容、更灵活多样的组织形式、更宽广的空间安排，深受师生的喜爱，社团规模也不断扩大、日益丰富，"达美社团"已然成为学生发展个性特长、提升学生学科素养的一片"新天地"。

（二）"达美社团"的评价标准

"达美社团"作为高中数学课堂的延伸，要发挥它的作用就应该让社团活动和日常学习充分融合。既不能让社团活动流于形式，也不能喧宾夺主脱离高中数学学习主题。为了在有限的时间内更好地实现目标，"达美社团"在内容安排、开展方式、活动效度等方面需要不断改进。为了促进"达美社团"的有效实施，我们制定了社团课程活动评价表（见表2－4）。

表2-4 "达美社团"课程活动评价表

评价目标	目标描述	评价结果		
		☆☆☆	☆☆	☆
理念体现度	正确掌握课程的基本理念和教学模式，坚持全面发展的素质教育，体现多元能力、学科素养的和谐共融。			
活动达成度	确定适合学生特点与课程特点的教学目标，目标明确、具体、切实可行，符合学生实际。			
内容适切度	教学内容选择适宜，符合学生实际需求，并与教学目标一致；内容生动有趣，贴近学生的生活，能被学生所理解和把握，有利于学习目标的达成。			
方法多样度	教学方法动静相宜、灵活多样，有实效，符合学生特点，为学生所喜爱。			
组织有效度	教学程序和结构清晰合理，新颖有效，各环节连接自然流畅，体现教师的主导作用。			
教师表现度	教师对课程的把握准确，对知识的理解和技能的操作到位。仪表、教态、语言恰到好处。			

为了让学生能够积极参与社团活动中，我们制定了"达美社团"学生评价（见表2-5）。

表2-5 "达美社团"学生评价表

类别	要素 ＼ 成员	小组成员			
自我评价	认真聆听	☆☆☆	☆☆☆	☆☆☆	☆☆☆
	积极参与	☆☆☆	☆☆☆	☆☆☆	☆☆☆
	个人展示	☆☆☆	☆☆☆	☆☆☆	☆☆☆
	沟通与表达	☆☆☆	☆☆☆	☆☆☆	☆☆☆
小组评价	认真聆听	☆☆☆	☆☆☆	☆☆☆	☆☆☆
	积极参与	☆☆☆	☆☆☆	☆☆☆	☆☆☆
	个人展示	☆☆☆	☆☆☆	☆☆☆	☆☆☆
	沟通与表达	☆☆☆	☆☆☆	☆☆☆	☆☆☆

以社团课程活动评价为基础，指导教师可以根据自己的社团课程目标、课程内容灵活地设计个性化的、有差异的学生成绩评价方案。

三、注重"达美实践"，促进数学学习方式的变革

"达美实践"活动与《普通高中数学课程标准（2017 年版）》中提出的"数学建模"活动相呼应，是让学生基于数学思维，运用模型解决实际问题的一类综合实践活动。尽量让学生从多个角度参与到学习中、生活中的实际问题的调查、研究和解决的过程，经历从数学的角度自主发现问题、提出问题，利用已有知识分析问题、构建模型、确定参数，再结合具体方法计算求解、检验结果，再通过模型与实际的差异改进模型，最终解决实际问题的过程，从而培养学生主动探究、解决问题的能力，并形成研究成果和作品。

（一）"达美实践"的实施与操作

作为基础教育的数学学科，从学习角度来说，其涵盖自我、学校、社区、社会等各个领域；从学习内容来说，有数学代数、图形与几何、统计与概率、实践活动，内容丰富充实；从学习方式来说，自主学习、同伴互助、师生合作、家校协作等方式交织互促，这一系列的特点为"达美实践"活动的设计和实施提供了可能性和空间。

按照"达美实践"学习的内容不同，我校将数学学科的实践活动分为嵌入学期中的特色学科活动和分散在寒暑假的学科实践项目：

1. "达美学科"综合趣味竞赛。以数学与相关学科的综合为背景，以多样化的比赛形式，以充满乐趣的内容促进学生将数学知识应用于其他学科的能力，提高学生主动运用数学的意识。如以生物遗传学中的概率计算为背景的趣味竞赛，旨在为数学中的概率学习提供实际的背景，增加学生对概率学习的兴趣，同时解决生物课中一个相对棘手的问题，体现数学的应用价值。竞赛的题型设计尽可能新颖，可以超出正常的生物试题和数学试题的设计范畴，体现综合性。学科综合趣味竞赛需要多学科老师共同参与，联合打造，从而保证竞赛内容的科学性和趣味性。

2. 数学模拟建模比赛。以课本中的实践作业为抓手，组织数学建模比赛，提高学生学数学、用数学的意识。学生以"队"为单位参赛，每队 3 人，可设一名指导老师。竞赛题目以实际问题中的数学问题经过适当简化、加工或是课本中的实践作业修改而成。参赛者应根据题目要求，自主发现问题、提出问题，利用已有知识分析问题、构建模型，确定参数，再结合具体

方法计算求解、检验结果、改进模型，最终解决实际问题，并将整个过程以答卷的形式呈现。比赛评奖以"假设的合理性、建模的创造性、结果的正确性和文字表述的科学性"为主要标准，有足够的灵活性供参赛者发挥创造能力。

3. 数学"微论文""微课题"评比。举行"撰写数学微论文，做数学微课题"的评比活动。立足学生身边的实际问题，包括数学学习中的经验总结、解题方法、数学思想的归纳，在"达美数学课程"中学习的新收获，在"达美社团"中的活动总结等等。评比的目的不是为了奖项，而是通过"微论文"或"微课题"的撰写，帮助学生梳理总结所学的数学知识，促进学生数学学习，培养学生优良的学习习惯。

4. 数学美图展。善于发现生活中的数学、数学美，体会数学来源于生活又作用于生活的道理。提交的图片中必须包括对图片中的数学韵味的解读的文字说明，说明不限长短，但是要准确，要有科学价值，不能牵强。

（二）"达美实践"的评价标准

"达美实践"活动关注学生的参与能力、探究能力、创新能力、团队合作等各方面能力的培养和发展，基于此，学校在设计评价标准和量规时，尤其关注这些方面的表现，并尝试结合班级、年级、校级等多层面的赛事，助推学生项目式学习的开展和实施。

"达美实践"活动评价的重点不是针对学生，而是全面了解学生的学习行为和学习历程，主要从"参与意识""实践能力""合作意识""创新能力"及"综合表现""学习效果"六个内容开展评价，全方位反映学生在课程中综合能力的表现（见表2-6）。

表2-6 "达美实践"学生发展评价表

评价要素	评价等级			自评	互评	师评
	优秀☆☆☆	良好☆☆	合格☆			
参与意识	积极参与主动性强	积极参与欠主动	能够参与			
实践能力	很强	较强	一般			
合作意识	有较强交往能力，合作能力强	能顾全大局，会与人合作	有合作意识			

评价要素	评价等级			自评	互评	师评
	优秀☆☆☆	良好☆☆	合格☆			
创新能力	意识明显，思维活跃	有创新意识	表现一般			
综合表现	积极主动，思维活跃，表现突出	积极参与，展示自我	安于现状，表现一般			
学习效果	成果丰富，过程详细，资料完备，形成个人的观点和见解	有一定的成果，基本形成自己的看法，内容有待进一步完善	浅层次尝试，有点式的收获和思考，缺乏系统化认识			
我的收获：						
老师寄语：						

四、开展"达美阅读"，展示数学学习的丰硕成果

学习新的知识、运用数学知识解决实际问题时都离不开数学阅读。有效的数学阅读能够激发学生学习数学的兴趣，发展学生的思维，提升学生的数学素养。同时，在新课标和新高考中，对数学文化考查的比重和要求也在不断提高。因而为了提高学生的数学阅读能力，进而在阅读中提升数学素养，我们开展了"达美阅读"活动。

（一）"达美阅读"的内容及实施操作

1. 从课本开始。无论是老教材还是逐渐开始使用的新教材，其中都有大量的篇幅介绍数学文化的内容，但是由于种种原因，这一部分的教学一直处于相对薄弱的状况。我们首先利用手边的资源，在不增加学生负担的基础上，开展课本中数学文化内容的阅读，并通过读书笔记、小论文等方式展示阅读成果。

2. 阅读一本书。在完成课本阅读的基础上，每学期都组织学生阅读 1 本数学类的书籍，以开拓学生的数学视野，完善学生的数学观，让学生体验数学研究的科学精神，能从更高的角度回看高中数学。

3. "达美阅读"成果展示会。每年的 10 月份组织学生总结自己的阅读收获、感受，参加 10 月底的"数学阅读"成果展示会。展示形式可以是文

字（手抄报、思维导图），也可以是演讲。以班级为单位初选，再在全校进行展评。

（二）"达美阅读"的内容评价标准

"达美阅读"的目的不是为了单纯的阅读，而是以阅读为手段，提升学生学习数学的兴趣，改进学习数学的方法，磨炼学习数学的意志。为了激发学生参与"达美阅读"的积极性，保证"达美阅读"成果展示会的有效开展，我们制定了"达美阅读"成果展示评价表（见表2-7）。

表2-7 "达美阅读"成果展示评价表

评价指标		评价			
		自评	互评	师评	综合
文字类成果	认真阅读，读有所悟				
	表达思路清晰				
	使人容易理解				
	页面布局合理、美观				
演讲类成果	认真阅读，读有所悟				
	普通话标准，口齿清晰				
	思路清晰、易理解				
	自信、大方，舞台风范良好				
	感染力强				

五、开展"达美创展"，提升学生的创新能力

开展"达美创展"活动，在作品中体现源自数学的创意，展现数学原理的应用。每学期开展一次展评活动，发展学生的个性特长，展示学生的风采，体现数学素养的输出。

（一）"达美创展"的内容及实施操作

1. 趣味数学题展

包括中外名题"趣味逻辑推理题""脑筋急转弯""数字游戏""名家名题""经典趣题""生活拾趣""快速求解""数学笑话""趣味知识"等内容；同时也鼓励原创数学趣题，鼓励师生共同参加。

2. 数学创意作品展

作品展内容为有数学原理的小作品，包括模型、创意手工制作、创意画、创意手抄报、创意 logo 设计、数学创意美家居等。要求提交作品的同时，说明作品中蕴含的数学原理、数学故事等，鼓励师生共同参加。

（二）"达美创展"课程内容评价标准

"达美创展"是对学生数学学习及理解的更高要求。既考查了学生对于数学的理解能力，也考查了学生在生活中发现数学、使用数学的能力，是学生综合素质的展现，反映了从生活到数学、从数学到生活的学科理念。为了更加契合实际地开展"达美创展"活动，根据"达美创展"活动主题、活动内容，我们制定了学生作品评价表（见表2-8）。

表2-8 "达美创展"学生作品评价表

评价指标		评价			
		自评	互评	师评	综合
趣味题展成果	主题鲜明				
	背景合理				
	原创设计				
	科学有趣				
	内涵丰富				
创意作品成果	主题鲜明				
	内容丰富				
	创意新颖				
	原创设计				
	实用价值				

综上所述，"达美数学"课程一方面立足于高中数学内容，意图打通初等教育与高等教育的衔接道路，帮助学生在此阶段形成相对完整的数学知识体系，体会数学自身之美；另一方面，希望服务其他自然科学，完成其他学科学习所必需的知识技能储备；同时，利用在其他学科中的应用，让学生感受数学的应用价值。我们希望通过"达美数学"课程的不断完善，促进学生数学学科核心素养的形成，让不同的学生得到不同的发展，这是我们的梦想，也是我们的使命。

（撰稿人：徐刚　毕小凯　沈克松　周吉）

第三章

深度探索
淬炼思维

　　数学课程的宗旨在于培养学生的思维品质，重在引导学生在生活中积累经验，在操作中探究问题。在数学学习中积累活动经验，培养学生解决问题的能力；在一系列的探究思考过程中，使学生的思维能力不断得到提升；让学生会用数学的语言去表达，用数学的语言去观察，用数学的思维去思考。

深度学习是一种深入数学学科本质和知识内核，由运算符号记忆转向逻辑思维理解和内涵知识的学习。它是一种对知识的深度认知、深度理解、深度体验。学生深度学习的实现是基于教师的深度教学。数学的深度学习必须深入到思维的层面，由具体形象的数学方法和策略过渡到抽象高阶的思维策略与思维品质的提升，思维进阶是针对思维水平而言的，是由低阶思维向高阶思维的转变，① 让学生乐于探索，乐于创造。如何使学生学习数学的过程是主动地、生动活泼的、极具个性化的，如何使不同的学生发现不同的数学之美，以形成对数学的独特认知？达到这些目的的根基终究还是提升学生思维的能力和水平。提升孩子的思维，必须立足于课堂，贯穿于数学课堂教学的全过程，循序渐进、日积月累，引导学生深度探究，深化知识内涵。通过学生积极的、活跃的思维碰撞，促进学生对知识的掌握更全面、更深刻，促进了学生学习知识能力的提高，提升了思维品质和解决问题的能力，发展了思维。

合肥市大柏中学数学学科课程群建设提出"探思数学"，着眼学生智力和能力提升，促进学生素质全面发展，围绕"探索"和"思考"两个核心要素面向未来教学理念的发展，面向学生视野的拓宽，培养了学生良好的学习习惯和勇于探索、善于思考的良好品质。

总之，在数学教学过程中，引导学生反复梳理、自主归纳、合作交流及深度挖掘，不仅能提高学生自主探究的能力，更有助于学生思维能力的快速提升。引导学生持之以恒地进行深度探索，将有助于学生核心素养的提升。

探思数学：让探索与思考成为一种习惯

合肥市大柏中学数学教研组共有 5 位数学教师，近年来多次在省、市、区各级各类比赛中获奖；这些成绩无不体现着数学教研组团队强大的实力。大柏学子思维活跃、勇于探索、善于思考，大柏教师爱生乐教、勤于研究、敢于创新，师生们优秀的学习品质和工作风格为学校数学课程开发提供了有

---

① 朱国军，彭亮. 开展数学深度教学　助力学生思维进阶［J］. 江苏教育，2020（33）：25—28.

力的保障。依据教育部等八部门联合印发的《关于进一步激发中小学办学活力的若干意见》、教育部《关于全面深化课程改革落实立德树人根本任务的意见》和《义务教育数学课程标准（2011 年版）》等文件精神，推进学校数学学科课程群建设。

第一节

开启数学思维之门

一、学科性质

数学作为对客观现象抽象概括而逐渐形成的科学语言与工具，不仅是自然科学和技术科学的基础，而且在人文科学与社会科学中发挥着越来越大的作用。

结合《义务教育数学课程标准（2011 年版）》中指出的"数学课程能培养学生的创新意识和实践能力"①，以及学生爱思考、敢表达、乐探究的特点，合肥市大柏中学数学课程致力于培养学生具有勇于探索、善于思考的良好品质，让探索与思考成为学生的一种习惯，着眼学生的未来发展，开阔学生的视野，拓宽学生的知识面，提高学生的智力和能力，促进学生的全面发展。

二、学科课程理念

"学生应当有足够的时间和空间经历观察、实验、猜测、计算、推理、验证等活动过程。"② 基于此，结合合肥市大柏中学数学学科实际，数学组确定数学学科课程理念为"探思数学：让探索与思考成为一种习惯"。"探思数学"致力于培养学生具有勇于探索、善于思考的良好品质。

---

① 中华人民共和国教育部. 义务教育数学课程标准（2011 版）［S］. 北京：北京师范大学出版社，2012：1.
② 中华人民共和国教育部. 义务教育数学课程标准（2011 版）［S］. 北京：北京师范大学出版社，2012：2—3.

"探思数学"重视学生对问题的探究过程。问题提出后，学生先对问题进行独立的思考，再在一个小组内共同合作讨论。在探究活动中亲身经历知识的生成过程，在实际操作活动中亲身探索知识的演变过程，在数、形结合中亲身体验知识的运用过程。

　　"探思数学"注重学生对问题的思考过程。让学生在探索与思考中掌握方法，感悟数学的基本思想。

　　"探思数学"的宗旨在于培养学生具有勇于探索、善于思考的品质；引导学生在生活中积累经验，在操作中不断探究、思考问题；在数学的学习中积累活动经验，感受数学在日常生活中的应用，体会数学学习的快乐；培养学生的数感和动手操作能力、主动探究意识以及思考问题和解决问题的能力。

探索发现数学之旅

《义务教育数学课程标准（2011 年版）》指出："通过义务教育阶段的数学学习，学生能获得适应社会生活和进一步发展所必需的数学的基础知识、基本技能、基本思想、基本活动经验；体会数学知识之间、数学与其他学科之间、数学与生活之间的联系，运用数学的思维方式进行思考，增强发现和提出问题的能力、分析和解决问题的能力。"①

一、学科课程总体目标

我们根据《义务教育数学课程标准（2011 年版）》的要求，结合学生的实际情况，制定了我校"探思数学"课程的总体目标如下：

（一）获得适应未来社会生活和进一步发展所必需的数学知识（包括数学事实、数学活动经验），以及基本的数学思想方法和必要的数学应用技能。

（二）初步学会运用数学的思维方式去观察、分析现实社会，去解决日常生活中和其他学科学习中的问题，增强应用数学的意识。

（三）体会数学与自然及人类社会的密切联系，了解数学的价值，增进对数学的理解和学好数学的信心。

（四）具有初步的创新精神和实践能力，在情感态度和一般能力方面都

---

① 中华人民共和国教育部. 义务教育数学课程标准（2011 版）［S］. 北京：北京师范大学出版社,2012:8.

能得到充分发展。

二、学科课程年段目标

在"探思数学"总体目标的基础上，依据教材、教参和校本要求，制定具体的年段课程目标（见表3-1）。

表3-1 "探思数学"年段课程目标表

课程目标 年级 \ 学期	上学期	下学期
七年级	1. 初步了解化归思想、数形结合思想在学习过程中的应用，明确算理与运算律在有理数运算中的作用。 2. 在具体情境中理解用字母来表示数的意义，分析具体问题中简单的数量关系，并会用代数式来表示。 3. 在建立方程（组）模型解决实际问题的过程中，提高分析和解决问题的能力，体验数学建模和符号化思维，感受数学的应用价值。 4. 学会根据几何语言画出相应的几何图形，能用几何语言描述几何图形，逐步实现几何图形与文字表述和符号语言的融会贯通。 5. 通过综合与实践活动，进一步经历数据的收集、整理、描述等统计过程，加深认识统计方法在处理实际问题时的作用，培养分析问题、解决问题的能力，初步形成统计观念。	1. 能用有理数估计一个无理数的大致范围，发展学生的数感和估算能力。 2. 探索不等式的基本性质，能运用不等式的基本性质探究一元一次不等式的解法。 3. 经历"问题情景——数学模型——问题解决"的学习过程，感受数学的应用价值。 4. 能推导乘法公式，了解公式的几何背景，并能利用公式进行简单的计算。 5. 通过观察、类比、猜想、归纳等方法，经历获得分式的基本性质和分式的加减法、乘（方）除法运算法则的过程，发展学生的合情推理能力。 6. 认识平移，探索平移的基本性质。 7. 能利用平移性质，设计简单的几何图案。
八年级	1. 通过图形在平面直角坐标系中的平移，进一步发展学生观察、分析、归纳、总结的能力，提高学生对数形结合思想的认识。 2. 探索实例中的数量关系和变化规律，了解常量、变量的意义。 3. 能用一次函数解决简单的实际问题。 4. 知道证明的意义和必要性。知道证明要合乎逻辑，会综合法证明的格	1. 经历二次根式性质的探究过程，学会运用二次根式性质化简二次根式。 2. 经历对问题情景的观察、分析、操作等活动，提出猜想，体验勾股定理的探索过程。 3. 培养学生良好的思维习惯，利用"数学史话"培养学生的爱国主义情操。 4. 经历实际问题中数量关系的分析、

课程目标　年级　\　学期	上学期	下学期
	式，打好形式化证明的基础。 5. 在探索三角形全等条件以及运用所学结论解决问题的过程中，学会有条理地思考并能进行简单的说理。 6. 能够作出简单平面图形经过轴对称后的图形，了解基本图形（线段、角、等腰三角形等）的轴对称性，认识轴对称在现实生活中的应用，能够利用轴对称进行简单的图案设计。 7. 能够应用所学知识解释生活中的对称现象，解决简单的实际问题，在观察、操作、论证的过程中，发展空间观念，激发学习图形的兴趣。	抽象过程，体会方程是刻画现实世界的一种数学模型。 5. 在建立方程模型解决实际问题的过程中，提高分析和解决问题的能力，体验数学建模和符号化的思想，感受数学的应用价值。 6. 了解多边形的相关概念、多边形的内角和与外角和公式、正多边形的概念和四边形的不稳定性。
九年级	1. 能够运用二次函数和反比例函数解决实际问题，掌握从函数的角度解决一些实际问题的思路，认识到函数是描述现实世界变化规律的重要数学模型。 2. 逐步提高对问题观察和归纳、分析的能力，体验数、形结合的思想方法。 3. 知道两个三角形相似的概念，探索三角形相似的判定条件，了解直角三角形相似的判定方法，能运用相似三角形的相关性质，解决生活中的简单实际问题。 4. 通过"综合与实践测量与误差"的实际操作，培养学生运用数学知识解决实际问题的能力和应用数学的意识，培养学生相互协作的精神和实际动手操作的能力。 5. 会运用解直角三角形的有关知识来解决某些简单的实际问题，特别是锐角三角函数知识在测量中的运用，培养学生解决实际问题的能力和应用数学的意识。	1. 探索如何过一点、两点和不在同一条直线上的三点作圆；了解反证法的含义及其证明的一般步骤。 2. 探索圆周角与圆心角的关系，了解并证明圆周角定理及其推论和圆内接四边形性质。 3. 通过实例，了解中心投影、平行投影（包括正投影）的有关概念，能够区别中心投影和平行投影。 4. 了解三视图（主视图、俯视图和左视图）的概念和基本规律，掌握基本几何体及其简单组合体的三视图的画法。 5. 通过讨论基本几何体及简单组合体与它的三视图的相互转化，经历画图、识图等过程，了解基本几何体与其三视图、展开图之间的关系，能够根据物体的三视图描述几何体的基本形状或实物原型，通过分析立体图形和平面图形之间的联系，发展空间想象能力。

探思课程丰富思维

　　"探思数学"课程的目标和宗旨主要是为了培养学生勇于探索、善于思考的良好品质，重在启发和引导学生在日常生活中积累知识，在实际操作中不断地探究、思考问题，在探究活动中亲身经历一个知识产生的过程，在实际操作中探讨知识的运用与发展过程，在数、形结合中亲身体验知识的掌握与应用过程。

一、学科课程结构

　　"探思数学"课程依据《义务教育数学课程标准（2011 年版）》，秉承学科课程理念，结合学生发展特点，将数学课程具体分为"探思运算""探思几何""探思统计""探思实践"四大类（见图 3-1）。

　　各类课程具体表述如下：

　　（一）探思运算

　　通过开展有趣的计算、巧算等活动，丰富学生的解题策略，提高学生的计算能力，激发学生对计算的兴趣，发展学生的思维灵活性。学校开设有"加减有道""乘除有理""奇思妙算""完全合算""合法开支""讨价还价"课程。

　　（二）探思几何

　　根据学生已有的生活经验、认知规律以及知识的发生规律，调动学生的多种感官进行探究活动。课程聚焦图形与几何领域，让学生经历剪、拼、画等动手操作活动，有效探究图形与几何的世界，进一步发展学生的空间观念

图 3-1 "探思数学"课程结构图

和空间思维能力。学校开设有"两点一线""你剪我拼""图案设计""勾三股四""形影不离""外圆内方"课程。

（三）探思统计

"统计与概率"这部分内容注重发展学生根据标准对事物或数据进行分析的能力。让学生经历收集、整理、描述和分析数据的过程，能用自己的方式呈现结果，并体会统计的价值，形成统计观念。学校开设有"统统有数""调查真相""有理有据""大话数据""公不公平""布丰投针"课程。

（四）探思实践

进行实践活动时需要根据实际情况，让学生经历制定可以解决具体问题的方法与策略，并且加以研究和实施的过程，体验建立模型、解决问题的过程。通过对相关问题的讨论和探索，有助于引导学生充分体会数学知识、数学与现实生活的内在联系，培养学生的应用意识和能力。学校开设有"翻币问题""排队等候""最佳线路""图形镶嵌""祥源之行""林海之旅"课程。

二、学科课程设置

《义务教育数学课程标准（2011年版）》在各学段中，安排了四个部分的课程内容："数与代数""图形与几何""统计与概率""综合与实践"，结合"探思数学"的课程理念，我校"探思数学"课程设置如下（见表 3-2）。

表 3-2 "探思数学"课程设置表

课程内容 学年（学期）		探思运算	探思几何	探思统计	探思实践
七年级	上学期	加减有道	两点一线	统统有数	翻币问题
	下学期	乘除有理	你剪我拼	调查真相	排队等候
八年级	上学期	奇思妙算	图案设计	有理有据	最佳线路
	下学期	完全合算	勾三股四	大话数据	图形镶嵌
九年级	上学期	合法开支	形影不离	公不公平	祥源之行
	下学期	讨价还价	外圆内方	布丰投针	林海之旅

第四节

体验探思萃炼思维

"探思数学"主张数学教学创设探索情境，引导学生在多样的学习活动中勇于探索、善于思考，让探索与思考成为一种习惯。为此，"探思数学"课程依据《义务教育数学课程标准（2011年版）》，从"探思课堂""探思数学节""探思社团""探思工作坊""探思之旅"五个方面实施"探思数学"课程，让学生真实体验数学学习，感受学习数学的快乐，让学生在探索与思考中成长。

一、打造"探思课堂"，推进学科课程实施

"探思课堂"通过情境式引导，调动学生学习的积极性，让学生学习身边、生活中的数学；让学生学习有用的、现实中的数学；让学生学习有情景、有逻辑、有思维的数学。同时，通过情境的创设，为学生提供发展的舞台，引导学生积极主动地学习；通过教师、学生学习共同体的建设，发展学生的思维，提高学生的学习能力，彰显"探思数学"的探索和思考。

（一）"探思课堂"的实施与操作

1. "探思课堂"是在长期的课堂教学实践中生成的一种课堂教学形态。"探思课堂"力求体现"探索·思考"的课堂文化核心，兼顾趣味性、主体性、参与性、发展性、创新性，让学生在探索中发展，在思考中成长。

2. "探思课堂"培养学生的质疑精神。"质疑一般指学习个体在求知欲的驱使下，产生强烈的问题意识，敢于独立思考、敢于批判、敢于挑战权威、敢于发表见解、敢于追求真理的一种思维方式，质疑是一种品质，更是

探索的起点和创新的前提，没有质疑精神，一切创造性的活动将无从谈起[①]。因此"探思课堂"必须高度重视学生质疑精神的培养，要求学生勇于质疑，让学生真正成为有思想有见解的人。

3. "探思课堂"重视学生的探究过程。问题提出后，学生先在小组内进行合作探究，再进行独立思考，在思考中探究，在探究中思考。在探究活动中经历知识的产生过程，在操作活动中探索知识的发展过程，在数、形结合中体验知识的应用过程。在过程中感悟，在感悟中思考，在思考中锻炼思维，建构知识，把学习的主动权交给学生。教师在学生思维的转折处或知识的重难点处给予适当的点拨，与学生一起感受成功与挫折。

（二）"探思课堂"的评价要求

多元化的评价途径更符合学生的成长特点，有利于学生的主动发展，增强学生的自信心，调动学生的热情，让学生发现自己的进步，有利于教师更深入地理解"探思课堂"的理念，提升教师的专业素养，丰富教师的课堂经验，完善课堂的构成要素，实现教学相长。根据课型的不同，我校数学组设计了"探思课堂"教学评价表（见表3-3）。

表3-3 "探思课堂"教学评价表

授课教师	上课时间		班级		评课教师	评价
学科	课题					
类别	优	良	合格	不合格		
	完全达到80—100分	基本达到70—80分	部分达到60—70分	少量达到或未达到60分以下		
课堂目标（20分）	1. 目标符合数学课程标准要求，符合学生生活实际。 2. 目标体现知识与技能、策略与方法的生成性，体现情感的生成与支持性，体现思维活动的激发与引导性，体现态度与价值观的形成性，三维目标和谐统一。 3. 以目标统领教学准备与教学实践。					
教学环节（30分）	1. 教学环节和谐，问题与探究时间充足，组织协调顺畅，学生思维活跃清晰，教学活动自然流畅。 2. 活动与过程符合学生的知识形成规律和认知规律，符合学生的					

---

① 陈家婵. 我思故我在——谈思辨课堂中对培养学生质疑能力的意义 [J]. 考试周刊,2016(34):120.

	思维发展和成长追求。 3. 既关注学生新的学习与感悟，又关注学生的实践应用的习得与成长。 4. 层次清晰，符合和满足不同学生及各个阶段的进取和发展需要，有利于目标的达成。	
教学过程 （30分）	1. 情境有利于唤起学生的生活经验，有利于学生主动开展数学认知活动。 2. 提供丰富的生活资源，满足学生多样化学习与探究和思考的需求；教学手段符合教学实际和需求；有效利用课堂生成资源。 3. 科学恰当地组织学生开展独立探究、小组合作与交流等活动，组织得当，引导与指导到位。	
教学方法 （20分）	1. 语言与肢体语言具有亲和力、感染力，思维清晰，语言精辟。 2. 教学设计与实践个性化。 3. 具有深厚的学术素养和数学文化底蕴。 4. 教学开放且调控得体、得力。	
综合评价		
本课精彩之处：		存在问题及建议：

二、设立"探思数学节"，激发学生数学学习的兴趣

"探思数学节"旨在丰富校园的数学文化，提高学生的数学素养，营造出热爱数学、钻研数学的文化氛围，激发学生数学学习兴趣。在节日这一天，各年级学生热情高涨地融入到数学的海洋中，最大限度地发挥自己的聪明才智，把严谨的数学知识变成了好玩的、有趣的各种活动。

（一）"探思数学节"的实施与操作

"探思数学节"以丰富的数学活动为载体，本着全员参与的原则，在班级海选的基础上，每班推荐 10 名学生参加年级层面竞赛活动。活动采用个人 PK 赛、战队 PK 赛等多种组织方式，设立班级集体奖和学生个人单项奖。我校数学组制定了"探思数学节"活动主题表（见表 3-4）。

表 3 - 4　"探思数学节"活动主题表

时间	年级	节日	活动主题
11月23日	七年级	数列节	加减有道
5月12日	八年级	勾股节	勾三股四
3月14日	九年级	派节	外圆内方

（二）"探思数学节"的评价标准和方法

"探思数学节"活动要规范化、科学化，要构建适合学生年龄特征的评价体系，以保证节日活动高效的开展，从而真正促进学生的发展。由主管领导、活动委员会的老师和学生代表组成评价小组，从三个方面对各个活动小组进行评价。首先是资料查阅，然后在节日当天进行现场参与，最后是学生座谈。我校数学组制定了"探思数学节"课程评价标准表（见表3-5）。

表 3 - 5　"探思数学节"课程评价标准表

小组人员		评价教师	
课题		班级	
项目	评 价 标 准		评价
活动内容 （30分）	难易适度，符合学生的年龄特征（10分）		
	有趣味性，提高学生的兴趣（5分）		
	有神秘性，激发学生的好奇心（5分）		
	贴合生活实际，提高学生解决问题的实践能力（10分）		
活动形式 （20分）	班班结合，数学知识与社交能力共同增长（5分）		
	家校结合，多方面开发资源（5分）		
	参与到社会生活活动中，提升多方面能力（10分）		
活动过程 （30分）	学生参与积极，主体作用发挥好（10分）		
	各种能力增长循序渐进（10分）		
	教师管理有方，学生活动有序（10分）		
活动效果 （20分）	学生兴趣得到培养，个性特长得到发展（10分）		
	拓展了学生的思维空间，培养了学生的创新意识（10分）		
综合评价			
精彩之处：		问题及建议：	

三、建立"探思社团"，享受数学学习的快乐

结合数学学科的特点和学生的真实需要，"探思社团"开展了丰富多彩的社团活动，给学生搭建展示自己的平台，提高学生综合能力和合作精神，满足他们对数学知识的高度热情，激发学生与数学之间的浓厚的情感，让学生享受到数学学习的快乐。

（一）"探思社团"的实施与操作

学校"探思社团"根据数学学科的四大领域内容进行拓展开发，开设了"数学频道""陈景润地带"等社团。确定社团主题后，任课教师针对活动项目和课题进行讨论，制定具体的、可行的、有效的活动实施方案，激发学生学习数学的兴趣，提高学生的思维品质。我校数学组制定了"探思社团"课程表（见表3-6）。

表3-6　"探思社团"课程表

时间	地点	年级	社团名称
周五下午	七（1）班教室	七年级	数学频道
周五下午	八（1）班教室	八年级	陈景润地带
周五下午	九（1）班教室	九年级	九章阁
周五下午	七（2）班教室	七年级	华罗庚基地
周五下午	八（2）班教室	八年级	数学俱乐部
周五下午	九（2）班教室	九年级	数迷园

（二）"探思社团"评价方法

"探思社团"活动，是为了建立平等、民主、和谐的师生关系，让学生参与到评价过程中，提高学生的学习兴趣，树立学习的自信心。我们的评价方式为通过量化评价表和问卷调查表来评价，以此来了解学生对社团活动的期望，便于教师把握社团后期发展方向。我校数学组制定了"探思社团"评价标准表（见表3-7）和问卷调查表（见表3-8）。

表 3 - 7 "探思社团"评价标准表

评价项目	评价内容	评价
过程评价 （60分）	制定可行的管理制度及详细活动计划（10分）	
	活动主题、内容、形式有创新（10分）	
	活动组织井然有序，学习氛围浓厚（10分）	
	社团名册及活动过程记录详实（5分）	
	活动照片及学生作品保存完整（5分）	
	教师的指导张弛有度，有针对性（10分）	
	每次活动结束后都有相应的总结、反馈、评价（10分）	
成果展示 （40分）	展示形式丰富新颖（10分）	
	内容符合社团特点、全面完整（10分）	
	活动小组分工合作有序（10分）	
	有借鉴价值的经验与反思（10分）	

表 3 - 8 "探思社团"问卷调查表

学生姓名 （可匿名）		班级	
所报社团		是否喜欢上现在的社团课	
你认为所报社团有哪些值得肯定的地方：		你所期望的社团是什么样子的：	

四、设立"探思工作坊"，领略数学魅力

"探思工作坊"的成立，汇聚了数学老师和很多优秀学生的智慧，是老师和学生共同成长的沃土。工作坊旨在满足学生对数学奥秘的探索，培养学生的思维能力，让学生通过"探思工作坊"在数学素养上有更大的提高，共同领略数学的神奇与魅力。

（一）"探思工作坊"的实施与操作

"探思工作坊"是由骨干教师带头，引领年轻教师和学生中的数学爱好者形成的学习共同体。他们研发拓展课程内容，设置专题活动，进行数学专题研究，拟定实施计划，商讨评价方案，与学生代表对话，对"探思数学"课程建设起到了积极推动的作用。

1. 借助数学活动，选出工作坊成员。工作坊的老师都是各个年级的精英教师，在各种数学活动中，对学生进行观察、测试，在各年级中筛选出 12 名对数学感兴趣的学生，组成 2 个研究小组，每个小组有 1 名优秀教师带领。每周三下午进行数学研究活动。

2. 自主选择，确立研究专题。工作坊的成员要进行大量的数学阅读，对所学的数学知识掌握、运用要灵活自如，要在数学的四个领域中，选择出不同的知识点作为研究的专题。专题研究是对于课本教学内容的延伸和提升，基本上每一个知识点都有延伸的空间。学生根据自己的兴趣爱好进行自主选择，建立自信，形成对数学积极的态度，达到事半功倍的效果。

3. 研究形式的多样化。"探思工作坊"以丰富的专题内容拓宽学生知识面，让学生感受到数学的深奥与神奇。在研究的过程中，工作坊的成员不但要大量阅读书籍，而且要上网查找资料。"探思工作坊"有效提高了学生学习数学的兴趣，增强了学生克服困难的信心。

（二）"探思工作坊"的评价标准

1. 评价目标

数学文化是否提升了数学素养；对课程设置是否有创新的想法；能否将自己的所思、所感及所悟灵活地运用到生活中；应用意识和应用能力是否得到增强。

2. 评价内容

过程性评价：所选专题的研究价值；专题研究过程的各项记录（文字、照片、视频）；体会、小结、反思等；研究方法的多样化和有效性。

阶段性评价：资料及成果展示。

3. 评价方式

一是通过在学校的公示展板展示的形式进行。把 2 个研究小组所完成的每个研究专题和相关的资料展示出来，全校师生进行查阅、留言，给支持的小组画上爱心，展示一周以后，以爱心的多少来决定排名。二是通过专题报告的形式进行。专题研究结束后，在多功能大厅向老师和学生们进行专题报告。报告的形式可以是综合展示、静态和动态相结合。设置 6 个评委，由骨干教师及学生代表组成，评出一、二、三等奖，我校数学组制定了评价标准表（见表 3-9）。

表 3-9 "探思工作坊"的评价标准表

研究小组		专题		指导教师	
评价项目	评价标准		优秀	良好	合格
目标	是否提升了数学素养				
	对课程设置是否有创新的想法				
	能否将自己的所思、所感、所悟灵活地运用到生活中				
	应用意识和应用能力是得到增强				
内容	所选专题的研究价值				
	专题研究过程的各项记录；文字、照片、视频；体会、小结、反思等				
	研究方法的多样化和有效性				
	资料及成果展示				

五、开启"探思之旅"，拓宽学生视野

（一）"探思之旅"的实施与操作

"探思之旅"源于生活实践，又高于生活实践，并反过来作用于生活实践的一种研学之旅。它是机动多变的，参与的人员广泛，有教师、学生、家长，还有部分社会人士。学以致用的不仅仅是数学能力，更多的是生活能力。

"探思之旅"借助周边的社会资源——祥源农场、官亭林海等许多单位，开展研学活动，将课本上的知识运用到实际生活中，让知识升华，让学生做生活的小主人。"探思之旅"要遵循以下原则：

1. 安全原则。"探思之旅"要有详细的方案，对于突发情况要有处理预案。我们要始终做到安全第一，建立健全的保障机制，明确责任人，确保学生的安全。

2. 实践原则。"探思之旅"让学生在与日常生活不同的环境中拓宽视野，丰富知识，了解社会，亲近自然，参与体验。

3. 育人原则。"探思之旅"应该充分符合中学生的基本心理特征和认知能力及其成长的发展需要，注重其中的知识性、科学性与趣味性，为学生的成长发展提供了良好的学习环境和成长空间。我校数学组制定了"探思之

旅"课程表（见表3-10）。

表3-10　"探思之旅"课程表

时间	年级	课程
3—6月	七年级	祥源之行
9—10月	八年级	运河之探
11—12月	九年级	林海之旅

（二）"探思之旅"的评价标准

在实际生活中，只有丰富学生的实践探究活动才能加深学生对数学知识的理解与应用。"探思之旅"的评价以激励为主，采用多种方式进行评价，如教师评价与学生的自评和互评相结合、小组的评价与组内个人的评价相结合、小组之间开展经验交流与成果展示等，激发学生对数学的学习热情。我校数学组制定了"探思之旅"评价标准表（见表3-11）。

表3-11　"探思之旅"评价标准表

评价项目	评价标准	优秀	良好	合格
个人展示	问题记录本的记录量			
	有研究价值的问题的个数			
	被选中进行小组研究的问题的个数			
	研究过程中，是否有建设性的建议			
	能否认真倾听和理解别人的想法			
团队合作	分工是否合理			
	每次的活动记录是否详实			
	遇到困难的解决方法			
	研究的结果是否满意			
交流讨论	形式多样，引人入胜			
	内容全面，有所启发			
反思总结	能够提出有一定研究价值的问题			
	梳理收获，提升经验			

总之，"探思数学"课程基于创设探索情境促进深度思考，以学科核心素

养为标尺，通过"探思课堂""探思数学节""探思社团""探思工作坊""探思之旅"这五个途径进行实施与评价，通过课程的实施，使每个学生勇于探索、善于思考，让探索与思考成为一种习惯。

（撰稿人：陆鹏程　万腾飞　鹿建平　周吉）

第四章

数学是思维的体操。数学的教学应该注重学生思维的激发和拓展，抓住数学的本质特征，让学生经历知识的发生过程，了解知识的逻辑结构，培养学生数学的核心素养，最终实现思维能力和逻辑推理的培养，让思维在数学学习过程中不断地升华，在变化中更加活跃。

以思导学
活跃思维

数学思考是从数学知识的层面展开的深层次思维活动，是数学课程所要达到的目标，是学生所需要具备的核心能力。数学学习需要学生的深度思考，它是建构学生思维生长的多维坐标。把数学思考从课内延伸至课外，在学习中启发思维，让数学思考真正产生，活跃学生的思维，用数学的思维方式认识世界。

《义务教育数学课程标准（2011 年版）》在课程目标的总体目标中明确指出"通过义务教育阶段的数学学习，学生能够初步学会运用数学的思维方式去观察、分析现实社会，去解决日常生活中和其他学科学习中的问题，增强应用数学的意识"①，其把"数学思考"作为数学学习的四大目标之一。

新课程理念下的初中数学教学，旨在培养学生的自主学习能力，开发学生的创造性思维，从而达到提高课堂教学质量和效率的目的，促进学生数学思维品质的提升。这就要求教师在教学过程中注重激发学生的学习兴趣，有意识地培养他们善于思考的能力，使他们能够扎实有效地掌握课堂知识。实现学生发现问题、独立解决问题能力的连贯式培养，真正地做到"传道授业""授人以渔"。②

基于此，合肥市五十中学东校数学学科课程群建设提出"智能数学"，即主张学生通过内化，自觉地将自己在数学学习中的所学与所思、所悟、所动充分结合，积极有效地解决现实生活中的问题，发展应用意识，培养应用能力。

总之，"学而不思则罔，思而不学则殆"，思和学相辅相成，学以促思、以思导学是对学生学习境界和思学理念最好的诠释。

智能数学：深度思维，提升素养

合肥市五十中学东校共有 43 位优秀的数学教师，其中安徽省特级教师 1 人，合肥市学科带头人 1 人，市区骨干教师 2 人，正高级教师 1 人，高级教

---

① 中华人民共和国教育部. 义务教育数学课程标准（2011 版）［S］. 北京：北京师范大学出版社，2012：1.
② 任继生. 初中数学"学、导、用"教学模式实践研究［J］. 青海教育，2020（5）：43.

师 9 人，中级教师 17 人。近些年，有多位教师在国家、省、市、区各级优课、优质课、基本功大赛中获奖。这些成绩无不体现着五十中东校数学教学团队强大的实力。五十中学子思维活跃、勇于探索、善于表达；五十中数学教师爱生乐教、勤于研究、敢于改革创新，积极探究不同的教学方式，培养学生的深度思维能力，进而提升学生的数学核心素养。教师们优秀的思维品质和高尚的工作风格为数学课程开发提供了有利的前提和保障。我们依据教育部《关于全面深化课程改革落实立德树人根本任务的意见》以及《义务教育数学课程标准（2011 年版）》等文件精神，结合我校实际，推进数学学科课程群建设。

深度提升思维的能力

一、学科性质

《义务教育数学课程标准（2011 年版）》指出："人人都能获得良好的数学教育，不同的人在数学上得到不同的发展；反映社会的需要、数学的特点，要符合学生的认知规律。"[①] 中学生具有思维活跃、乐于表达、自主意识强的特点。初中数学教学应该在注重"双基"的基础上，将数学学科课程理念更多地与学生发展的个性要求和社会发展趋势的要求结合起来。"数学课程能使学生掌握必备的基础知识和基本技能，培养学生的抽象思维和推理能力，培养学生的创新意识和实践能力，促进学生在情感、态度与价值观等方面的发展。"[②] 我们要积极关注生活，整合前沿的数学学习理念，学、思、用结合，综合培养学生的创新意识和实践能力，为他们的未来打下扎实的基础。

二、学科课程理念

基于《义务教育数学课程标准（2011 年版）》的相关要求，我校确定"智能数学"[③] 的学科课程理念。"智能"即指启迪智慧，发展能力。"智能数学"课程就是要让学生拥有深度思维的能力，帮助学生从贴近实际的学习

[①] 中华人民共和国教育部. 义务教育数学课程标准（2011 年版）[S]. 北京：北京师范大学出版社，2012.

[②] 同上。

[③] 张敏慧. 应用多元智能理论提高高中数学教学效能的探索 [D]. 北京：首都师范大学，2009.

素材中，学习并掌握一定的数学知识与技能，并在探究、体验、理解的过程中，形成抽象思维和推理能力，促使数学价值观的发展，强化创新意识，切实提高实践能力。即学生内化于心，自觉地将自己在数学学习中的所学与所思、所悟充分结合起来，积极有效地解决现实生活中的问题，发展应用意识，培养应用能力。

（一）以思促学——"智能数学"的发端

重视理性思维的培养，这是《义务教育数学课程标准（2011年版）》中对初中数学教学最本质的提示。孔子曾说过："学而不思则罔，思而不学则殆。"学思结合也是所有知识学习的基本途径。在人的各项智力因素中，思是进行认识活动的核心，学生只有通过深度思考才能把学到的数学知识变为自己的，这样才能在数学阅读、分析、判断和推理过程中体会到学有所得的成就感和愉悦感，才能促使理性思维的养成，提高思辨能力，使数学学习走上正轨。

（二）以悟成学——"智能数学"的发展

悟，是理解与明白，是理性思维的结果呈现。"智能数学"鼓励学生大胆假设，小心求证，有疑必思，有思必悟，在学习数学过程中做个明白人。同时，我们更鼓励学生表达感悟。余文森教授说："表达首先意味着学生要有自己的想法、观点或思想、感情；其次意味着学生能够比较准确、清晰地用自己的语言将其表示出来；再次意味着有人倾听并进行互动和反馈。"[1] 学生能否用精准的语言进行数学表达，直接体现了他们悟学的深度和广度，也是教师评价学生"智能数学"学习阶段性成果的主要途径，是学生数学思维是否得到发展的证明。

（三）以行证学——"智能数学"的升华

行，是实践与验证。学以致用是"智能数学"的目标，所有的数学知识只有在实践中才能发挥出最大的作用，体现其价值。我们在教学过程中，注重运用知识解决生活中的实际问题，同时鼓励学生动手操作、自主探索与合作交流，开展实验、观察、猜测、推理、验证等活动，体会"智能数学"价值与作用，激发学生数学兴趣，培养良好的学习习惯，切实增强学生创新意

---

① 池夏冰. 语文学科教育戏剧的文化体验研究［D］. 上海：华东师范大学,2020.

识，提高实践能力。

　　总之，我校"智能数学"课程致力于对学生智慧的启迪，发展学生的数学思维和能力，把数学与生活、学生个人紧密相连，建设更加科学的课程体系，促进数学教学高质量发展。把培养理性思维、创新意识、实践能力以及《义务教育数学课程标准（2011年版）》的要求落到实处。

多维度提升思维品质

《义务教育数学课程标准（2011 年版）》指出："通过义务教育阶段的数学学习，学生能获得适应社会生活和进一步发展所必需的数学基础知识、基本技能、基本思想、基本活动经验。体会数学知识之间、数学与其他学科之间、数学与生活之间的联系，运用数学的思维方式进行思考，增强发现和提出问题的能力、分析和解决问题的能力。了解数学的价值，提高学习数学的兴趣，增强学好数学的信心，养成良好的学习习惯，具有初步的创新意识和科学态度。"[①] 基于数学学科核心素养的内涵，我校根据"智能数学"提倡的"学用交融"课程理念，制定我校"智能数学"课程目标，多维度提升思维品质。

一、学科课程总体目标

依据《义务教育数学课程标准（2011 年版）》，"智能数学"学科课程总体目标从以下四个方面具体阐述。

（一）知识技能目标："智能数学"扩知识。

结合生活中经历数与代数的抽象、运算与建模等过程，掌握数与代数的基础知识和基本技能；经历图形的抽象、分类、性质探讨、运动、位置确定等过程，掌握图形与几何的基础知识和基本技能；经历在实际问题中收集和处理数据、利用数据分析问题获取信息的过程，掌握统计与概率的基础知识

---

① 中华人民共和国教育部. 义务教育数学课程标准（2011 年版）[S]. 北京：北京师范大学出版社，2012.

和基本技能；参与综合实践活动，积累综合运用数学知识、技能和方法等解决简单问题的数学活动经验。①

（二）数学思考目标："智能数学"启智慧

建立数感、符号意识和空间观念，初步形成几何直观和运算能力，发展形象思维与抽象思维；体会统计方法的意义，发展数据分析观念，感受随机现象；在参与观察、实验、猜想、证明、综合实践等数学活动中，发展合情推理和演绎推理能力，清晰地表达自己的想法；学会独立思考，体会数学的基本思想和思维方式。②

（三）问题解决目标："智能数学"增能力

初步学会从数学的角度发现问题和提出问题，综合运用数学知识解决简单的实际问题，增强应用意识，提高实践能力；获得分析问题和解决问题的一些基本方法，体验解决问题方法的多样性，发展创新意识；学会与他人合作交流；初步形成评价与反思的意识。③

（四）情感态度目标："智能数学"提素质

积极参与数学活动，对数学有好奇心和求知欲；在数学学习过程中，体验获得成功的乐趣，锻炼克服困难的意志，建立自信心；体会数学的特点，了解数学的价值；养成认真勤奋、独立思考、合作交流、反思质疑等学习习惯；形成坚持真理、修正错误、严谨求实的科学态度。④

二、学科课程年段目标

依据教材、教参和校本要求，我们拟定了各年级数学课程目标（见表4-1）。

表4-1　"智能数学"年段课程目标表

年级	上学期	下学期
	"智能数学"的基础——计算之基、图形之基、数据之基	
七年级	**第一单元课程目标** 　能够运用有理数的运算解决简单的实际问题，初步了解转化思想、数	**第一单元课程目标** 　发展学生的数感和估算能力。 **第二单元课程目标**

---

①②③④ 中华人民共和国教育部. 义务教育数学课程标准（2011年版）[S]. 北京：北京师范大学出版社，2012.

年级	上学期	下学期
	形结合思想在学习过程中的应用，明确算理与运算律在有理数运算中的作用。 **第二单元课程目标** 　　能分析具体问题中的简单数量关系，并用代数式表示。 **第三单元课程目标** 　　体会方程（组）是刻画现实世界的有效数学模型，提高分析问题和解决问题的能力，体会数学建模和符号化思想，感受数学的应用价值。 **第四单元课程目标** 　　用几何语句描述简单的几何图形，逐步实现几何图形与文字表述、符号语言的融会贯通。 **第五单元课程目标** 　　通过综合与实践活动，进一步经历数据的收集、整理、描述等统计过程，加深认识统计方法在处理实际问题中的作用，培养分析问题、解决问题的能力，初步形成统计观念。	经历问题情景—数学建模—问题解决的学习过程，感受数学的应用价值，能根据具体问题中的数量关系，列出一元一次不等式（组），解决简单的实际问题。 **第三单元课程目标** 　　经历观察、思考、交流、探究等数学活动过程，体验解决问题的策略，进一步发展学生归纳、类比、概括的能力，发展学生有条理地思考与表达的能力。 **第四单元课程目标** 　　体会解分式方程中的转化思想，能解决一些与分式方程有关的实际问题。 **第五单元课程目标** 　　认识并欣赏平移在现实生活中的应用。
八年级	"智能数学"的发展——函数思想、演绎推理、数据分析 **第一单元课程目标** 　　进一步发展学生观察、分析、抽象、概括的能力，加深学生对数形结合思想的理解。 **第二单元课程目标** 　　引导学生探索实例中的数量关系和变化规律，结合情境体会一次函数的意义。 **第三单元课程目标** 　　让学生知道证明的意义和必要性；知道证明要合乎逻辑，会综合法证明的格式，打好形式化证明的基础。 **第四单元课程目标** 　　通过操作、探究、体验获取数学结论的过程，让学生学会有条理地思考并能进行简单说理。 **第五单元课程目标** 　　让学生能够应用所学知识解释生	**第一单元课程目标** 　　通过生活实例，让学生了解引入二次根式的必要性，理解二次式的意义。 **第二单元课程目标** 　　在经历建立方程模型解决实际问题的过程中，让学生提高分析问题和解决问题的能力，体会数学建模和符号化思想，感受数学的应用价值。 **第三单元课程目标** 　　培养学生良好的思维习惯；利用"数学史话"介绍，培养学生爱国主义的思想情感。 **第四单元课程目标** 　　掌握四边形与特殊四边形、平行四边形与特殊平行四边形、梯形与特殊梯形等概念之间的联系与区别，培养学生的辩证唯物主义观点和分析问题、解决问题的能力。

年级	上学期	下学期
	活中的对称现象，解决简单的实际问题，在观察、操作、论证的过程中，发展空间观念，激发学习图形的兴趣。	**第五单元课程目标** 　　通过表格、折线图、趋势图等，让学生了解随机现象的变化趋势。
九年级	"智能数学"的综合——计算综合、图形综合、建模思想	
	第一单元课程目标 　　经历从实际问题中抽象出两个变量之间的二次函数、反比例函数关系的过程，进一步体验用数学的方法描述变量之间的数量关系，逐步提高观察和归纳分析能力，体验数形结合的数学思想方法。 **第二单元课程目标** 　　通过"综合与实践　测量与误差"的实际操作，培养学生运用数学知识解决一些实际简单问题的能力。结合相似图形的判定与性质的探索和证明，进一步发展学生的逻辑思维能力和解决实际问题的能力。 **第三单元课程目标** 　　会运用解直角三角形的有关知识来解决某些简单的实际问题，特别是测量中锐角三角函数知识的运用，培养学生解决实际问题的能力和用数学的意识。	**第一单元课程目标** 　　通过具体实例认识平面图形关于旋转中心的旋转，探索它的基本性质；了解中心对称、中心对称图形的概念，探索它的基本性质。 **第二单元课程目标** 　　经历画圆、识图等过程，了解基本几何体与其三视图、展开图之间的关系，能够根据物体的三视图描述几何体的基本形状或事物原型，通过分析立体图形和平面图形之间的联系，发展空间想象能力。 **第三单元课程目标** 　　能利用概率知识分析、解决一些简单的实际问题。

构建丰富的智能课程

为了实现上述课程目标，我们建立了学校数学学科课程框架。

一、"智能数学"课程结构

我校数学课程以国家课程为基础，关注学生的基础知识和基本技能、基本数学思想和基本活动经验，增强学生综合实践活动经验。依据《义务教育数学课程标准（2011年版）》基本理念：面向全体学生，适应学生个性发展的需要，使得人人都能获得良好的数学教育，让不同的人在数学上得到不同的发展。① 结合我校学生的认知水平和特点，为了培养学生的思维能力，发展学生学习数学的核心素养，就必须构建丰富多彩的智能课程，积极引导学生进行深度思维学习。如何开设适合我校学生学习特点的有效和高效的品质课程呢？我们数学组老师多次积极研讨，最终确定了"智能数学"课程框架结构。

我校七、八、九年级分别开设"智能数学"学科课程，具体内容分为"智能数式""智能图形""智能数据""智能探究"四大类（见图4-1）。

图4-1中，各类课程具体表述如下：

（一）智能数式

依据《义务教育数学课程标准（2011年版）》中数与代数部分内容及其

---

① 中华人民共和国教育部. 义务教育数学课程标准（2011年版）[S]. 北京：北京师范大学出版社，2012.

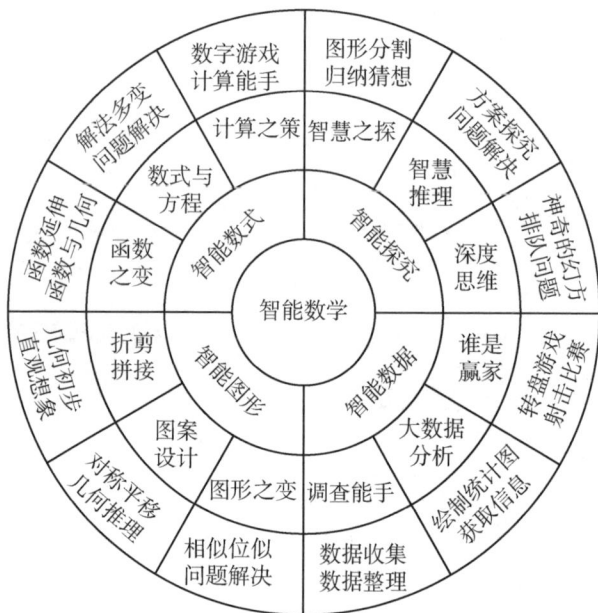

图 4-1 "智能数学"课程结构图

教学目标，着重培养学生的计算能力，在此基础上，由数抽象为式，将数与式及方程紧密联系起来。关注数与式及方程的求解过程，优化解题思路和策略，激发学生计算兴趣，培养学生提高计算能力，让学生经历建立方程模型，感受运用方程思想解决实际问题的优越性。开设的课程有"计算之策""数式与方程""函数之变"。

（二）**智能图形**

依据《义务教育数学课程标准（2011 年版）》中图形与几何部分内容及其教学目标，结合学生已有的生活经验和认知规律，调动学生多种感官进行几何图形的探究活动，经历折、剪、拼、画等动手操作活动，经历图形运动变化的过程，进一步发展学生的综合实践能力和逻辑推理能力。开设的课程有"折剪拼接""图案设计""图形之变"。

（三）**智能数据**

依据《义务教育数学课程标准（2011 年版）》中统计与概率部分内容及其教学目标，开设数据分析、统计与概率课程。使学生经历对实际问题中的数据进行收集、整理和分析的过程，了解统计学的思想和方法，提高分析问题、解决问题的能力。开设的课程有"调查能手""大数据分析""谁是赢家"。

（四） 智能探究

依据《义务教育数学课程标准（2011 年版）》中综合与实践部分内容及其教学目标，为了培养学生善于发现问题、提出问题、分析问题、解决问题的能力；引导并鼓励学生积极参与实践活动，培养自主探究、小组合作意识；感悟数学与生活的联系，发展数学应用意识和能力。我校开设的"智能探究"课程有"深度思维""智慧推理""智慧之探"。

二、学科课程设置

除了基础课程之外，"智能数学"以课程目标的达成和核心素养的落实为出发点，围绕"学用交融"的学科理念，基于数学的四大领域开发了相应的课程，具体课程设置如下（见表 4-2）。

表 4-2 "智能数学"课程设置表

内容 年级	类别	智能数式		智能图形		智能数据		智能探究	
		课程 名称	课程 内容	课程 名称	课程 内容	课程 名称	课程 内容	课程 名称	课程 内容
七 年级	上 学期	计算 之策	数字游 戏	折剪 拼接	几何初 步	调查 能手	数据收 集	深度 思维	神奇的 幻方
	下 学期		计算能 手		直观想 象		数据整 理		排队 问题
八 年级	上 学期	数式与 方程	解法多 变	图案 设计	对称平 移	大数据 分析	绘制统 计图	智慧 推理	方案探 究
	下 学期		问题解 决		几何推 理		获取信 息		问题解 决
九 年级	上 学期	函数 之变	函数延 伸	图形 之变	相似位 似	谁是 赢家	转盘游 戏	智慧 之探	图形分 割
	下 学期		函数与 几何		问题解 决		射击比 赛		归纳猜 想

搭多元舞台激活思维

　　"智能数学"课程依据《义务教育数学课程标准（2011年版）》的实施建议"注意使学生在获得间接经验的同时也能够有机会获得直接经验，即从学生的实际出发，创设有助于学生自主学习的问题情境，引导学生通过实践、思考、探索、交流等，获得数学的基础知识、基本技能、基本思想、基本活动经验，促使学生主动地、富有个性地学习，不断地提高发现问题和提出问题的能力、分析问题和解决问题的能力"[①]，以及对课程理念、课程目标、课程设置从五个方面设计实施与评价，用多元舞台促思维提升，即"智能课堂""智能研究社""智能数学节""智能实践""智能社团"，旨在积极探究不同的教学方式，培养学生的深度思维能力，提升学生的数学核心素养，践行"学用交融"的课程理念。

一、深耕"智能课堂"，构建和谐氛围

　　"智能课堂"是智慧而有趣的学习过程，让我们不断追溯数学的本源。"智能课堂"设定多元的学习目标，选择丰富的学习内容，制定灵活的学习方法，构建和谐的学习氛围。"智能课堂"引导学生不断地发现问题，自主地探究问题，灵活地解决问题。

（一）"智能课堂"的实践与操作

　　"智能课堂"的学习目标是多元清晰的，学习内容是丰富鲜活的，学习

---

① 中华人民共和国教育部. 义务教育数学课程标准（2011年版）[S]. 北京：北京师范大学出版社，2012.

方式是自主融洽的，学习效果是学用结合、全面发展的。

1. "智能课堂"设定多元的教学目标。教学目标是教与学的核心与灵魂，是课堂中师生学习活动的目标。教学目标一旦确定，整个学习活动就要遵循它的轨道。多元的目标丰富而不杂乱，开放而不宽松，自主又有合作，充分体现了"智能课堂"的理念和时代性。

2. "智能课堂"设置丰富的学习内容。"智能课堂"为学生提供了大量丰富而有趣的综合性素材，创造了更多自主学习的机会，使不同学习能力的学生都能在"智能课堂"上得到应有的发展。在前期备课的时候，老师们就会根据整册教材的内容，确定符合学生年龄特征的拓展类学习内容，并与学校基础类课程进行融合，行之有效地穿插在课堂前5分钟或最后5分钟。

3. "智能课堂"体现和谐的课堂环节。在"智能课堂"上，发散的创新思维使课堂活泼生动，严谨的逻辑思维使学生的学习过程更缜密。在课堂学习过程中，有意识地逐步培养学生乐于思考、勇于质疑、思维缜密、言必有据的良好思维习惯，让学生在数学学习中体验思维的快乐。教学环节需要预设，但不能依赖预设。课堂上，老师和学生常常相互对话、相互启发。学生经常扮演教师的角色，把自己精心预习的内容，讲给大家听；其他学生提出质疑，学生在思辨、质疑互动中提升自己、获取新知。

4. "智能课堂"呈现灵活的教学方法。"智能课堂"的教学方法，不拘一格，灵活多样。学生能够更好地走进数学文本，增强教与学的趣味性。我们开展了"我是小老师""方法辩论会""择优计划""分组大比拼"等多种教学活动。

在"智能课堂"中，"能"不仅是对学生提出的各种能力的培养，还是学生在各种能力培养达成的过程中成功地体验；"智"不仅是学生学会了哪些知识与技能，更重要的是能把这些知识技能转化为自己内在的能量，并行之有效地运用在实际生活中。

（二）"智能课堂"的评价标准

多元化的评价途径更符合学生的成长过程，有利于学生学习主动性的发展，增强学生的学习自信心，调动学生的学习热情，让学生发现自己的进步。每次观课活动时，听课的老师都会认真地填写这张表格，把自己宝贵的经验和建议写在上面。上课的老师也会认真地研读，从中获得更大的灵感。

根据课型的不同，我校数学组设计了"智能课堂"教学评价表（见表4-3）。

表4-3 "智能课堂"教学评价表

授课教师		上课时间		班级		评课教师	
学科		课题					
类别	指标	优 完全达到 100—90分		良 基本达到 89—75分	合格 部分达到 74—60分		不合格 少量达到或未达到 60分以下
教学目标 （25分）	多元	1. 目标符合数学课程标准要求，符合数学生活实际。 2. 目标体现知识与技能和策略与方法的生成性、思维活动的激发与引导性、情感的生成与支持性、态度与价值观的形成性；三维目标和谐统一。 3. 以目标统领教学准备与教学实践。					
教学环节 （25分）	和谐	1. 教学环节和谐，组织协调顺畅，问题与探究时间充足，学生思维活跃清晰，教学活动自然流畅。 2. 活动与过程符合学生的认知规律和知识的形成规律，符合学生思维发展和成长追求。 3. 既关注学生新的学习与感悟，又关注学生实践应用的习得与成长。 4. 层次清晰，符合和满足不同学生及各个阶段的进取和发展需要，有利于目标的达成。					
教学过程 （25分）	趣味	1. 情境有利于唤起学生的生活经验，有利于让学生主动开展数学认知活动。 2. 提供丰富的生活资源，满足学生多样化学习与探究和思考的需求；教学手段符合教学实际和需求；有效利用课堂生成资源。 3. 科学、恰当地组织学生开展独立探究、小组合作与交流等活动，组织得当，引导与指导到位。					
教学方法 （25分）	灵活	1. 语言与肢体语言具有亲和力、感染力，思维清晰，语言精辟。 2. 教学设计与实践个性化。 3. 具有深厚的学术素养和数学文化底蕴，厚积而薄发。 4. 教学开放且调控得体、得力。					
综合评价							
本课精彩之处：				存在问题及建议：			

二、设立"智能研究社"，领略数学魅力

"智能研究社"是由骨干教师带头，引领年轻教师和学生中数学爱好

者形成的学习共同体，旨在满足学生对数学奥秘的探索，培养思维能力，让学生通过研究社在数学素养上有更大的提高，共同领略数学的神奇与魅力。

（一）"智能研究社"的实践与操作

"智能研究社"旨在研发拓展课程内容，设置专题活动，进行数学专题研究，拟定实施计划，商讨评价方案，与学生代表对话，对"智能数学"课程建设起到了积极推动的作用。

1. 借助数学活动，选出研究社成员。研究社的老师都是各个年级的精英教师，在各种数学活动中，对学生进行观察、测试，在每个年级中，筛选出24 名优秀学生，组成 4 个研究小组，每个小组有 2 名优秀教师带领。每周三下午进行数学研究活动。成员基本固定，没有特殊情况不会增减。

2. 自主选择，确立研究专题。首先，研究社的成员要进行大量的数学阅读，对所学的数学知识需掌握并灵活自如的运用。在数学的四个领域中，选择出不同的知识点作为研究的专题。专题研究是对教学内容的延伸和提升，基本上每一个知识点都有延伸的空间。学生根据自己的兴趣爱好进行自主选择，让学生建立自信，并形成对数学积极的态度，达到事半功倍的效果。

3. 研究形式的多样化。在研究的过程中，研究社的成员不但要大量阅读书籍，还要上网查找资料。有时，遇到棘手的问题，老师会通过各种渠道，与专家视频连线，解惑答疑。

（二）"智能研究社"的评价标准

"智能研究社"关注学生的探究能力、创新能力、团队合作等各方面能力的培养和发展，基于此，在设计评价标准时，主要从目标、内容、方式开展评价。

1. 评价目标

经过大量阅读数学文化是否提升了数学素养；对课程设置是否有创新的想法；能否将自己的所思、所感、所悟灵活地运用到生活中，应用意识和应用能力是否得到增强。

2. 评价内容

过程性评价：所选专题的研究价值，专题研究过程的各项记录（如照片、视频、体会、反思等）以及研究方法的多样化和有效性。阶段性评价：

资料及成果展示。

3. 评价方式

"智能研究社"的评价有两个渠道：一是通过文化长廊的形式进行。文化长廊分四个区域，四个研究小组每完成一个研究专题，就会把相关的资料通过文化长廊展示出来，让全校师生进行查阅。每个研究小组都有自己的名称、徽章、宣言以及小组章程。在宣言旁边设有"留言墙"，看过他们的专题研究成果之后，有什么想说的都可以通过"留言墙"来进行传递，认同、支持相关研究小组的，可以在相应位置留下笑脸。展示一周以后，以每个研究小组获得的笑脸的多少来决定排名。二是以专题报告的形式进行。专题研究结束后，在报告厅向老师和学生进行专题报告。报告的形式可以综合展示，静态和动态相结合。设置 10 个评委，由骨干教师及学生代表组成，评出奖项。

三、依托"智能数学节"，浓郁数学文化

"智能数学节"是以数学为主题的校园节日。在节日的这一天，各年级的学生均能热情高涨地融入到数学的海洋中，最大限度地发挥自己的聪明才智，把严谨的数学知识变成了好玩的、有趣的各种活动。

（一）"智能数学节"的实践与操作

数学节的时间为教师节前夕的 9 月 9 日，内容不是固定不变的，教师可以根据实际情况，重新创设有意义的节日内容。教师要积极参与活动过程，做好指导。

1. 拟定出"智能数学节"的名称、知识内容

在每年五月我校文化节上向全校师生征集本年数学节的名称、知识内容，再由课程委员会及学生代表进行评议。如第一届"智能数学节"的名称是"杨辉节"，知识内容是"奇妙数字"。

2. 筛选内容

每个年级的暑期作业中有一项是收集、整理出生活中遇到的数学问题，个数不限，开学时提交给任课教师。由教师和学生代表共同筛选出 81 个有价值的问题，并于 9 月 9 日在数学节上的校园"文化长廊"中展示。

3. 团队组建

学生 4 到 6 人为一组，以自由组合和教师协调相结合的原则组建一个团

队，共同选出感兴趣的题目，上报教师备份。

4. 解决问题

小组合理分工，制定计划，商讨解决策略、适当求助等等，并做好记录，8 周后提交活动的结果，分年级进行评比。

（二）"智能数学节"的评价标准

"智能数学节"活动要规范化、科学化，构建适合学生年龄特征的评价体系，能保证节日课程高效地开展，从而真正促进学生的发展。由主管领导、课程委员会的老师和学生代表组成评价小组，从三个方面对各个活动小组进行评价。评价人员分为 3 人小组，含领导一人。首先是资料查阅，然后在节日当天进行现场参与，最后是学生座谈。我校数学组制定了"智能数学节"评价标准（见表 4 - 4）。

表 4 - 4 "智能数学节"评价标准表

小组人员		评价教师	
课题		班级	
项目	评 价 标 准		评价
活动内容 30 分	难易适度，要符合学生的年龄特点		
	要有趣味性，能提高学生的兴趣		
	要有神秘性，能激发学生的好奇心		
	贴合生活实际，提高学生解决问题的实践能力		
活动形式 20 分	形式要生动活泼，把学生引入求知的活动中		
	班班结合，数学知识与社交能力共同增长		
	家校结合，多方面开发资源		
	参与到社会实践活动中，提升多方面能力		
活动过程 30 分	学生参与积极，主体作用发挥好		
	各种能力增长循序渐进		
	教师管理有方，学生活动有序		
活动效果 20 分	学生兴趣得到培养，个性特长得到发展		
	拓展了学生的思维空间，培养了学生的创新意识		
综合评价			
精彩之处：		问题及建议：	

四、开启"智能实践"，丰富数学生活

数学源于生活，并应用于生活，在我们的生活中处处都有数学的身影，数学蕴藏在我们生活中的每个角落。"智能实践"就是教师带领学生走出教室，走进生活，把所学知识运用到生活中去，提升数学应用能力。

（一）"智能实践"的实践与操作

"智能实践"是源于生活实践，又高于生活实践，并反过来作用于生活实践的一种研学之旅。"智能实践"参与的人员广泛，有教师、学生、家长，还有部分社会人群。学以致用的不仅仅是数学能力，更多的是生活能力。

1. 观察生活，发现问题

在我们的生活中随处都可以找到数学的原型。发现问题是开启"智能实践"大门的钥匙，引导学生联系生活学数学，用数学的眼光观察周围事物，处处留心发现数学问题。"为什么"让学生对生活充满了惊奇，就像将一颗颗石子，投在学生的心湖，激起了学生的好奇心，激发了学生的求知欲，提高了学生的学习热情。每个学生都有一本"问题银行"，当在某时某刻突然发现身边有趣或不懂的事物，就及时记录在"问题银行"，储存灵感。

2. 研究生活，思考问题

深入地思考问题是"智能实践"通往成功的唯一道路，没有思考，就没有真正的数学学习。借助学生分享的"问题银行"，选择学生有研究价值的数学问题，分成小组，并引导学生主动地运用数学观点分析思考，通过观察比较、操作实验和感性化的情境辅助，帮助学生找到问题的原因，明白其中的道理，从而体验学习的快乐和数学的魅力。

3. 用于生活，解决问题

用于生活，独立解决自己遇到的实际问题是"智能实践"最终的目的。引导学生把储备的知识进行吸收、转化，从数学中学到实际的生活能力，达到学以致用的教学目的。我校数学组制定了"智能实践"课程表（见表4-5）。

表 4 - 5   "智能实践"课程表

组别	活动主题	实践与操作	作品呈现形式
七年级	调查能手	1. 把参与调查的学生分成若干小组，每个小组选择适当的调查问题，如：塑料包装袋到底有什么危害？对市民闯红灯情况、泚河水质情况等展开一次调查。 2. 选择适当的调查方法，小组成员分工合作，可以邀请家长、老师、社会人士参与指导。 3. 调查情况和资料整理信息，制作调查报告。 4. 能够提出有一定研究价值的问题或建议。	调查报告、视频、照片
八年级	图案设计	1. 利用所学数学知识进行图案设计，如：队旗设计、某活动布局设计等。 2. 自由组队，合作完成。 3. 作品评选与展示。	设计作品、照片
九年级	智慧之探	1. 选择一个要探索的课题，如：巢湖水域面积、旗杆的高度等。 2. 自由组队，合作完成。 3. 写出探究报告。 4. 能够提出有一定研究价值的问题或建议。	研究报告 视频 照片

（二）"智能实践"的评价标准

"智能实践"的评价以激励为主，多种方式并存进行评价，如教师评价与学生的自评和互评相结合、小组的评价与组内个人的评价相结合、小组之间开展经验交流与成果展示等，激发学生对数学的学习热情。我校数学组制定了"智能实践"评价标准（见表 4 - 6）。

表 4 - 6   "智能实践"评价标准表

评价项目	评价标准	优秀	良好	合格
个人魅力	"问题银行"的存储量			
	有研究价值的问题的个数			
	被选中进行小组研究的问题的个数			
	研究过程中，是否有建设性的建议			
	能否认真倾听和理解别人的想法			
团队精神	分工是否合理			
	每次的活动记录是否详实			
	遇到困难的解决方法			
	研究的结果是否满意			

评价项目	评价标准	优秀	良好	合格
展示交流	形式多样，引人入胜			
	内容全面，有所启发			
反思与收获	能够提出有一定研究价值的问题			
	梳理收获，提升经验			

五、设立"智能社团"，领略神奇数学

"智能社团"是给学生搭建了一个展示自己的平台，满足了他们对数学知识的高度热情，激发了学生与数学之间的浓厚的感情，我们的"智能社团"在不知不觉中将学生引入奇妙的数学世界。

（一）"智能社团"的实践与操作

社团课程是彰显学校特色的核心因素，作为培养学生专业素养的第二课堂，我们不仅有基础类和多样的嵌入类课程，也提供了丰富的选修类课程，充分尊重学生的选择权。

1. 全面调研，确定课程

社团课程的开发并不是盲目的、随意的，而是按学生的兴趣特点、师资配备、周边资源等，在广泛调研、征求意见的基础之上甄选而出。

2. 分析特点，针对辅导

社团辅导教师直接关系到社团的队伍建设、课程开发、实施评价的全过程，根据教师的个人特点和学科特长，分析社团课程的性质和实施重难点，在经过反复推敲和比对的基础上，在尊重教师个人意愿的前提下，选定社团课程的辅导教师。

3. 双向选择，各取所需

开学初，校本课程委员会和数学老师选定本学期的社团课程，在校园网上发布，学生通过网络选课报名，以尊重学生为前提，经过各方面协调，确定社团的任课教师以及学生名单。

4. 用心准备，扎实推进

为了提升"智能社团"的实施效果，成立之初，关于社团的制度章程、

活动办法、社团纲要、案例设计、评价量表都要有精心、全面的准备，每一次社团活动做到定内容、定时间，课上学习有记录，课下交流重反思。

5. 家校互动，寻求合力。

向全校家长发送《致家长的一封信》，向家长汇报社团课程开设目的和计划，让家长和孩子一起选择喜欢的课程，并在参与、体验的过程中，给予孩子适当的帮扶和指导。

6. 梳理收获，多样展示

社团课程的建设和打造旨在张扬个性、鼓励特长发展，一定区域范围内的交流和展示将为学生提供很好的交流和展示的平台，既使学生拓宽了视野，也使学生获得了自信和成长。

（二）"智能社团"评价标准

"智能社团"活动，激发了学生学习数学的兴趣，陶冶了学生的情趣，磨炼了学生的意志，增进了同学间的友谊。我们的评价方式，有记录活动过程中学生各方面表现的量化评价表，还有学生对社团的问卷调查；了解学生对社团活动的期望，便于教师把握社团后期发展的方向。我校数学组制定了"智能社团"的评价标准（见表4-7）。

表4-7　"智能社团"的评价标准

评价项目	评价标准	评价
过程评价	制定可行的管理制度及详细活动计划	
	活动主题、内容、形式有创新	
	活动组织井然有序，学习氛围浓厚	
	社团名册及活动过程记录详实	
	活动照片及学生作品保存完整	
	教师的指导张弛有度，有针对性	
	每次活动结束后都有相应的总结、反馈、评价	
成果展示	展示形式丰富新颖	
	内容符合社团特点、全面完整	
	活动小组分工合作有序	
	有借鉴价值的经验与反思	

综上所述，"智能数学"课程秉承"学用融合"理念，通过"智能课堂""智能研究社""智能数学节""智能实践""智能社团"践行这一学科理念。该课程特有的开放性和智能性，不仅较好地达成了数学课程目标，更丰富了课程内容的开发与实施，培养了学生的深度思维的能力，丰富了学生的视野，提升了学生的核心素养，有利于每一位学生健康、快乐地学习和成长！

（撰稿人：刘斌　疏忠良　王海峰　郭艳香　卜金东　王娟　杨俊　王胜　李树海　周吉）

第五章

品经典，了解数学的发展史，从伟人的视角去看待问题、解决问题。数学的学习应该使学生在学习过程中感受到数学的"美"，激发学生学习数学的欲望。发展学生的数学素养，我们无需动不动就提及数学中的黄金分割，也无需总强调圆和轴对称所能带来的视觉美感，美几乎流淌于"数学王国"的每一个角落。

品味经典
开发思维

"品味经典数学，感受数学魅力"是合肥五十中天鹅湖教育集团蜀外校区数学学科课程理念。学生经过掌握符号运算与图形求解的学习，在教学中融入经典数学文化，让学生感受中华数学的博大精深，提倡学生主动学习数学家们不断探索、不畏艰难的精神，进而提高学习数学的积极性，充分体会数学本身的价值，增强求知欲，养成积极乐观、勇攀高峰的学习品质；学生经过经典数学知识的学习，在教学中坚持"学为中心"的理念，给学生留足探究的时间和空间，让学生品味"经典数学"知识的探索、发现和形成的过程，在多动手画图、推理、计算等过程中发展数学思维，积累探索经验，培养学生自主学习数学的能力;通过对"经典数学"的学习，使学生感受数学之美，体会美好结论之妙；学生重新经历数学家的发现之旅，感受数学文化的魅力，更好、更深地认识数学，理解数学，体会数学在生活、生产中的地位与作用，体会数学的乐趣，让每一个孩子都能喜欢数学、学好数学、尽情探索数学的曼妙无穷。

在"经典数学"知识学习的过程中，适时、科学、有效地渗透数学思想，让学生领略数学的真谛，能使他们终身受益，也为提高学生的终身学习能力奠定基础。通过"经典数学"的学习，让学生把数学逻辑的严谨性、语言的抽象性、简约而不简单的优美表达视为数学的生命。"经典数学"能够陶冶情操，使人愉悦，启迪思维，促进学生形成优秀的思维习惯和思维品质。

经典数学：无处不在的数学魅力

合肥市五十中学天鹅湖教育集团蜀外校区数学教研组共有 20 人，具有研究生学历的有 3 人。师资队伍优良，结构合理，其中拥有高级教师 3 人、一级教师 15 人、合肥市骨干教师 1 人、蜀山区骨干教师 2 人、合肥市优秀教师 1 人。多人在省市区各级优质课基本功大赛中获奖。全体数学教师在深化课堂改革、研究数学教材教法的不断实践中总结并提出了"品味经典数学，感受数学魅力"的课程理念，探究"经典数学"蕴含的美学思想，旨在激发学生对数学的思考和热爱，并取得了一定的成效。为培养有责任感和使命感、懂美、欣赏美的集高尚情操于一体的蜀外青少年，学校数学教研组着力推进了课程建设。

探索始于经典

一、学科性质

《义务教育数学课程标准（2011年版）》中指出："义务教育阶段的数学课程是培养公民素质的基础课程，具有基础性、普及性和发展性。数学课程能使学生掌握必备的基础知识和基本技能，培养学生的抽象思维和推理能力，培养学生的创新意识和实践能力，促进学生在情感态度与价值观等方面的发展。义务教育的数学课程能为学生未来生活、工作和学习奠定重要的基础。"①

基于《义务教育数学课程标准（2011年版）》，结合教与学两方面实际，为更好地促进学生全面、持续、和谐地发展，了解数学学科的发展和应用，让学生乐于探索，在学习过程中产生浓厚的学习兴趣与愿望，激发学生的学习主动性，培养学生的创造性思维，尊重学生的差异和个性，尽可能为每一个学生创造契合素质发展的机会，从而构建一套多元化的"经典数学"课程体系。

二、学科课程理念

依据《义务教育数学课程标准（2011年版）》核心理念，义务教育阶段的培养目标是"人人都能获得良好的数学教育，不同的人在数学上得到不同

---

① 中华人民共和国教育部. 义务教育数学课程标准（2011年版）[S]. 北京：北京师范大学出版社，2012：1.

的发展"①，我校确定了"品味经典数学，感受数学魅力"的课程理念。"经典数学"适应学生的差异和个性化，让学生通过了解数学的发展史及数学典例，从前人的角度去看待问题、解决问题，体会数学的价值，感受数学的魅力；数学学习应该着力培养学生的思维认知，激发学生学习的欲望，让学生积极参与进探究、思考、交流，经历观察、实验、猜测、推理、验证等过程，进一步提高学生的数学素养。具体而言有以下四个方面特点：

（一）"经典数学"倡导感受数学文化

在教学中融入"经典数学"课程，让学生感受中国古代数学文化的精髓，如开方术、方程术、天元术等，激发学生乐于探索的精神，能积极参与并思考、归纳，感受数学学习的意义所在，提升学生的人文理念与兴趣，养成积极乐观、敢于挑战的数学学习品质。

（二）"经典数学"倡导欣赏数学之美

数学之美无处不在，一朵花上的花瓣数量、菠萝鳞片间上下两类斜纹数量都符合斐波那契数列关系，还有我们身体上的黄金分割点及黄金矩形、勾股弦图等，以及给我们带来视觉美感的圆和轴对称，"经典数学"课程让数学的美流淌于教学的每一个环节。学生积极参与数学活动过程，并有充足的探究时间和空间，在动手画图、推理、计算等过程中，促进思维的发展，在学习过程中欣赏"经典数学"之美，感受到愉悦，提高学习兴趣。

（三）"经典数学"倡导培养文化自信

中国古代数学是优秀传统文化的重要组成部分。"经典数学"，让学生有一种历史感，在了解中华民族文化基因上，感悟其中的思想力量，从中汲取丰厚的精神滋养，继承和弘扬优秀传统文化，提升和坚定文化自信。

（四）"经典数学"倡导领略数学魅力

"数学是人类的一种文化，它的内容、思想、方法和语言是现代文明的重要组成部分。"② 让孩子感受数学的魅力，更好、更深地了解数学，认识数学，感受数学来源于生活、应用于生活，知道经济发展和社会进步都离不开数学，领略数学在生活中的巨大价值，让每一个孩子都能喜欢数学，尽情

---

①② 中华人民共和国教育部. 义务教育数学课程标准（2011年版）[S]. 北京：北京师范大学出版社,2012:1.

享受、探索数学的无穷奥妙和乐趣。

　　总之，"经典数学"依托数学课程标准，借助前人的力量，让学生接受经典文化的熏陶，在知识的教学过程中适时、科学、有效地渗透数学思想，使学生领略数学的真谛，体会数学的价值，深化数学认知水平，发展终身学习能力，塑造良好的学习品质，为学生的进一步发展打下坚实的基础。通过"经典数学"课程的学习，把数学逻辑的严密性与推理的形象性结合起来，充分展示数学的魅力，进而起到陶冶人、愉悦人、锻炼人的教育作用。

素养源于品味

　　基于提升学生的学科素养，夯实学生的基础知识和基本技能，发展学生能力，适应学生个性化的发展，尊重学生的认知规律的课程理念，我校数学组制定了我校学科课程总体目标。

一、学科课程总体目标

　　根据《义务教育数学课程标准（2011年版）》，结合我校学生的实际情况，提出"经典数学"课程目标，即通过品味"经典数学"，使学生感受数学的魅力，激活学习的动力。从知识技能、数学思考、问题解决、情感态度四个方面具体阐述：

（一）知识技能目标

　　"经典数学"夯实"双基"，通过对数与代数进行抽象与建模的过程，使学生掌握必要的基础知识和运算建模技能。通过对图象进行抽象和分类后，让学生探究图形的性质和运动变化规律，运用相应知识和技能解决基础问题。在探究学习的过程中，让学生通过积累数学技能、灵活选用方法、归纳解决问题的不同方法，总结学习经验。

（二）数学思考目标

　　"经典数学"乐于探索，让学生在探究中发展数感和符号感、对比空间感及结构与规律意识，体会模型的思想。在研究图形的性质及变化过程中，经历借助图形思考问题的过程，初步形成几何直观。提高学生对数学对象的处理能力，发展学生的抽象能力与建模能力。学生通过独立思考问题，归纳数学学习的思想方法，用数学语言进行表达，形成良好的数学品质。

（三）问题解决目标

"经典数学"重在品味，让学生以数学的视角发现问题，用数学语言提出问题，用数学思想和方法思考问题并解决实际问题，增强数学意识，提高应用数学的实践能力。不断归纳总结解决数学问题的方法，感受数学思想的博大精深，在用多种数学方法解决问题时会优化选择，培养学生创新能力。学生在处理综合数学的同时，学会与同伴交流与合作，培养团队意识。学生在解决问题并归纳经验的同时，不断发展评价与反思的能力。

（四）情感态度目标

"经典数学"达成品质，让学生在探究中积极参与，培养学习兴趣，保持上进心和求知欲望；让学生对未知事物刻苦钻研，培养良好的思维品质。学生在学习过程中，通过解决问题获得成功，体会克服困难建立自信的艰辛过程，坚定数学学习的意志。学生在探究数学本质的过程中，学会欣赏数学美及数学文化，在数学文化的认知下，增强文化自信和民族自豪感。在学习中体会数学学科的特点，了解数学在生活中的价值，培养学生主动学习的态度及欣赏数学的能力。学生通过努力学习、独立思考、反思合作、归纳提升的思维过程，形成优秀的思维习惯和数学品质。学生通过学习，尝试用辩证的观点去分析问题，严谨治学，初步形成良好的个性品质。

二、学科课程年级段目标

在"经典数学"课程总目标的基础上，根据我校七、八、九三个年级的学情，我校数学组将数学学科课程年级目标设置如下（见表5-1）。

表5-1 "经典数学"年段课程目标表

		知识技能	数学思考	问题解决	情感态度
七年级	上学期	1. 理解有理数的意义及加法、减法、乘法、除法和乘方运算法则；能准确表示线段、射线和直线，会比较线段的长短，理解	1. 在探索有理数运算法则的过程中初步了解转化思想、数形结合思想。 2. 在根据几何语句画出几何图形和用几何语言描述几	1. 能利用有理数的运算法则进行有理数的相关计算；在几何图形与几何语言的表述中，培养动手操作能力，积累数学活动经验。	1. 养成善于观察、探究、归纳、总结的良好学习习惯。 2. 培养独立思考的能力，学会与他人交流合作。

		知识技能	数学思考	问题解决	情感态度
		线段的和、差与线段中点的意义、角的概念，掌握角的表示方法，会计算角的和与差。 2. 能根据几何语言画出相应的几何图形并描述简单的几何图形。 3. 了解数据收集、数据整理、数据描述的基本方法；会用表格整理，能够根据不同问题选择适当的统计图描述数据；掌握从统计图表中正确获取信息的方法。	何图形的过程中，逐步实现几何图形与文字表述、符号语言的融会贯通，在平面图形与空间几何体的相互转换等活动过程中，初步建立几何直观。 3. 在数据收集与整理的过程中，初步形成统计观念。	2. 在数据的收集与整理中，培养合作学习意识，培养分析问题、解决问题的能力。	
	下学期	1. 了解实数概念；会进行实数的相关计算；理解并掌握直线的基本性质和位置关系。 2. 掌握基本的识图、作图等技能；体会证明的必要性。 3. 从事收集、描述、分析数据、作出判断并进行交流的活动，感受抽样的必要性，体会用样本估计总体的思想，掌握必要的数据处理技能。	1. 在探索直线的基本性质和位置关系等活动过程中，进一步建立空间观念，发展几何直觉。 2. 能收集、选择、处理数学信息，并作出合理的推断或大胆的猜测。	1. 在实数运算中培养数感及运算能力。 2. 借助图形位置关系的探究及识图、作图进行空间想象，能进行逻辑推理并证明。 3. 在探究过程中获得一定的数学经验。	1. 体验实数的意义，在实数运算中培养自信心；体会到数、符号和图形是描述数学问题的重要手段。 2. 认识通过观察、实验、归纳、类比、推断可以获得数学猜想，感受证明的必要性、证明过程的严谨性以及结论的确定性。
八年级	上学期	1. 能从具体问题中抽象出数量关系，并用代数式或方程表示；了解代数式和方程的意义。	1. 能用代数式、方程刻画事物间的相互关系。 2. 在图形的变换与设计中建立空间	1. 结合具体情境，利用代数式、方程分析问题、解决问题；能从不同的角度思考问题，体会	1. 认识到数与符号在解决实际问题中的重要作用；在实际动手操作中，体验数学活动充满

		知识技能	数学思考	问题解决	情感态度
		2. 会解一元一次方程、二元一次方程组；能利用图形的平移、对称进行图形的变换和图形设计。	观念；体会证明的必要性。 3. 发展初步的演绎推理能力。	问题解决的多样性。 2. 能用文字、字母或图表等清楚地表达解决问题的过程，并解释结果的合理性。	着探索性和创造性，感受图形变换之美。 2. 在独立思考的基础上，积极参与对数学问题的讨论，敢于发表自己的观点，善于表达与交流。
	下学期	1. 学生通过学习二次根式、一元二次方程，掌握运算技能。 2. 学生通过学习四边形，掌握四边形基本性质与判定，掌握基本的证明方法。 3. 体验数据收集、处理、分析和推断过程，理解抽样方法。 4. 经历从不同角度寻求分析问题和解决问题的方法的过程，掌握分析问题和解决问题的一些基本方法。	1. 通过用一元二次方程表述数量关系的过程，体会模型的思想。 2. 在研究四边形性质等过程中，进一步发展空间观念。 3. 了解利用平均数、众数、中位数和方差等数据可以进行统计推断，发展建立数据分析观念。 4. 能独立思考，体会数学的建模思想。	1. 学生能利用一元二次方程解决简单问题。 2. 学生从不同角度解决四边形问题，掌握分析问题和解决问题的一些基本方法。 3. 学生在利用数据处理问题的过程中，学会与他人合作和交流。	1. 积极参与数学活动，对数学有好奇心和求知欲。 2. 在运用四边形相关知识表述和解决问题的过程中，体会数学的价值。 3. 学生在设计与建模过程中敢于发表自己的想法，养成独立思考的学习习惯。
九年级	上学期	1. 在学习二次函数与反比例函数过程中，探索数量关系和变化规律，掌握用函数进行表述的方法。 2. 探索并掌握相似形基本性质与判定。	1. 通过用二次函数表述数量关系的过程，体会模型的思想，建立符号意识。 2. 在研究相似形性质、确定物体位置等过程中，进一步发展空间观念。 3. 经历借助相似形思考问题的过程，初步建立几何直观。	1. 综合运用二次函数、反比例函数、相似形和解直角三角形等数学知识和方法等解决简单的实际问题，增强应用意识。 2. 在解决黄金分割和费马点问题过程中，经历从不同角度寻求分析问题和解决问题的方法的过程，体验解决问题方法的多样性，掌握一些基本方法，提高实践能力。	1. 在运用二次函数和相似形解决"车灯与图像"、黄金分割和费马点等数学问题中，认识数学具有抽象、严谨和应用广泛的特点，体会数学的价值。 2. 通过对"车灯与图像"和"百囚徒挑战"等问题的交流分析，发展应用意识和能力。

		知识技能	数学思考	问题解决	情感态度
下学期		1. 通过学习正多边形和圆，了解正多边形和圆的基本性质，掌握基本的证明方法；认识投影与视图。 2. 通过学习概率，进一步认识随机现象，能计算一些简单事件的概率。	1. 在圆的学习中，通过合情推理探索数学结论、运用演绎推理加以证明的过程，发展合情推理与演绎推理的能力。 2. 了解利用数据可以进行统计推断，感受随机现象的特点。	1. 初步学会在具体的情境中从反比例函数的角度夫尝试解决三等分角，去发现问题和提出问题，并综合运用函数知识和作图方法等解决，增强应用意识，提高实践能力。 2. 经历探究割圆术，从不同角度寻求分析问题和解决问题的方法的过程，更好地应用正多边形与圆的知识。	1. 在运用圆的知识解决割圆术问题的过程中，认识数学具有抽象、严谨和应用广泛的特点，体会数学的价值。 2. 在处理布洛卡点与相似形问题的过程中，有克服困难的勇气，具备学好数学的信心。

兴趣融于学习

　　"经典数学"课程依托本学科的学科知识特点，依据《义务教育数学课程标准（2011年版）》，针对我校学生已有的认知水平和学习需求，结合学校实际的教育教学情况，建构课程内容，让学生乐于融入学习，了解知识产生的背景，伴随数学结果的形成过程去感受其中蕴含的数学思想方法，为孩子们描绘宏远的学习图景，积累数学学习经验和学习方法，既满足学生个体的差异化学习需要，发展终身学习的能力，也为学生数学知识的系统化奠定基础。

一、"经典数学"课程结构

　　按照《义务教育数学课程标准（2011年版）》的"数与代数""空间与图形""概率与统计""综合与实践"四个部分内容，以沪科版七、八、九三个年级的数学教材为载体，我校将"经典数学"课程划分为"经典代数""经典图形""经典数据""经典探究"四大板块内容，在这些经典数学文化背景下，让学生乐于学习，提升文化自信，增强民族自豪感，提升数学学习品质。我校数学组制定了"经典数学"课程结构如下（见图5-1）。

二、"经典数学"课程设置

　　根据"经典数学"课程的整体架构，在沪科版数学必备的课程知识之外，学校依据学情及七、八、九三个年级的知识学习特征，设计和实施的"经典数学"课程的具体设置如下（见表5-2）。

图 5-1　"经典数学"课程结构图

表 5-2　"经典数学"校本课程设置表

类别 内容 年级		经典代数		经典图形		经典数据		经典实践	
		课程名称	课程内容	课程名称	课程内容	课程名称	课程内容	课程名称	课程内容
七年级	上学期	走进代数	数字魔方	走进几何	多彩几何	走进数据	数据收集	走进思维	CT技术
	下学期		杨辉三角		心灵手巧		水资源调查		排队问题
八年级	上学期	数形结合	不等式与函数	图形公式	秦九韶公式	数据处理	作息时间调研	设计建模	轴对称设计
	下学期		方程与图象		赵爽弦图		成绩分析		函数建模
九年级	上学期	函数之美	车灯与图像	图形之趣	黄金分割	概率分析	百囚徒挑战	综合推理	费马点
	下学期		双曲线作图		布洛卡点		布丰投针		割圆术

第四节

品质达于实践

《义务教育数学课程标准（2011 年版）》明确指出："为使每个学生都受到良好的数学教育，数学教学不仅要使学生获得数学的知识技能，而且要把知识技能、数学思考、问题解决、情感态度四个方面目标有机结合，整体实现课程目标。"[①] 数学学习的过程是学生体验、思考与探索的过程。数学是抽象的，与我们的生活密切相关，要求课程的实施要符合学生的认知规律，课程内容的组织要重视知识的呈现过程，把知识技能与数学思考有机地结合在一起，要重视直观，注重数学知识与学生生活经验的联系。学生学习的主要方式为动手实践、自主探索和合作交流，因此在课程实施的同时，要为学生预留充足的时间和空间，使学生在经历观察、猜测、验证、归纳和总结等活动过程时，体验从经典数学课程到数学思维的发展，培养良好的数学品质。为此，根据课程理念、学科性质、课程目标等方面的要求，围绕国家基础课程的实施与评价建议，我校从以下几个方面进行了课程实施与评价：

一、建构"经典课堂"，品味数学文化魅力

"经典课堂"是指运用"经典数学"知识的智慧和思想，启迪学生的智慧，唤醒学生的潜能，旨在倡导学生乐于探索，重在品味、领悟数学的文化，感受数学的魅力，体现数学知识再发现的课堂。学习"经典数学"，使

---

① 中华人民共和国教育部. 义务教育数学课程标准（2011 年版）[S]. 北京：北京师范大学出版社，2012：1.

学生得到学习能力的提升，养成良好的学习品质。

（一）"经典课堂"的实践操作

依据"经典课堂"的课程目标，我们提出了实施"经典课堂"的基本架构——"文化引领、乐于探索、智趣融入、达于品质"，每位老师都按照这种结构精选内容，设计教学，组织教学。

1. 文化引领。"经典数学"以经典文化为主题，精选适合于学生展开学习的素材，以生活中的实际情境为背景，让学生在实际问题的解决过程中开展数学学习。数学知识、数学思想的广泛应用，使数学与我们生活融为一体，"义务教育的数学课程能为学生未来生活、工作和学习奠定重要的基础"。① 所以，数学文化是数学教学和数学学习中不可或缺的内容。

2. 乐于探索。"经典数学"课程设计将由"给出知识"转向"引导活动"，倡导学生主动探索，构建模型，寻求结果，侧重于体现数学知识再发现的过程。数学教学以鼓励学生"观察""操作""发现"为重要形式，并通过合作交流，培养自主学习的能力、乐于探索的精神，提高数学学习的能力。

3. 智趣融入。追寻数学家成长的足迹，了解数学先辈们刻苦钻研的治学作风、富有启发性的治学经验，为学生构建一个密切联系的数学教学全过程，为每一个学生终身可持续发展奠定坚实的数学基础。"经典课堂"依托经典文化活动让学生融入学习，培养兴趣，启迪智慧。

4. 达于品质。"经典数学"作为"为学生准备的数学"②，创设具体情境，使学生了解知识产生的原因，经历知识形成的过程，体会数学的价值。课堂活动的设置更注重学生的动手实践，适合学生的认知规律和思维发展需求，从而提升数学思维能力和创新能力，增强自信，养成良好的数学学习品质。

（二）"经典课堂"的评价标准

依据学科特色，以"经典数学"的特点作为评价指标，我校制定课堂评价量表如下（见表5-3）：

---

①② 中华人民共和国教育部. 义务教育数学课程标准（2011年版）［S］. 北京：北京师范大学出版社,2012:1.

表 5-3 "经典课堂"的评价表

执教教师				课题	
班级				时间	
评价项目、权重		评价标准			得分
教师表现 （10分）		1. 教师精神饱满，行为举止大方，教态自然，亲和力强。 2. 语言表述准确、简洁、流畅，富有感染力。 3. 教学基本功扎实，教学技能娴熟，有较强的课堂调控能力。			
教学设计 （10分）	目标设计 （5分）	1. 学习目标要紧扣课程标准，彰显学校课程特色，结合学校学情，符合学生的认知规律。 2. 目标明确，重、难点突出，内容处理得当。			
	环节设计 （5分）	1. 教学活动设计适合学生已有的生活基础和生活经验。 2. 教学设计要科学，主线清晰，首尾呼应。			
教学实施 （75分）	文化引领 （15分）	1. 创设情境，主题适合于学生展开学习。 2. 启迪学生的智慧，唤醒学生的潜能。			
	乐于探索 （20分）	1. 能激发学生的学习兴趣，引导学生主动探索。 2. 构建模型，侧重于体现数学知识再发现的过程。			
	智趣融入 （20分）	1. 注重课堂生成，引导质疑，问题设置合理。 2. 学生态度积极，主动参与，融入活动。			
	达于品质 （20分）	1. 注重学生的动手实践，活动和内容适合学生的思维发展需求。 2. 能发现问题并运用所学知识解决问题，培养学生的逻辑思维能力和创新能力，注重数学学习品质的养成。			
教学特色 （5分）					
简评				总分	

二、举办"经典数学节"，浓郁数学学习氛围

为了激发学生的学习兴趣，适应学生个性化的发展，培养学生动手操作的能力和创新实践能力，在活动中能够真切地感悟数学。我校结合"经典数学"的课程目标，面向所有学生分层开展"经典数学节"活动。譬如，以平面几何图形为载体，以几何画板和剪纸为工具，让学生利用几何图形的性质制作，如勾股定理的证明方法等。

（一）"经典数学节"的活动设计

合肥市五十中学蜀外校区"数学文化节"旨在通过设计各种数学活动，为全体学生提供一个交流分享的平台，提供一个彰显自我的机会，从而更好地激发学生学习数学的兴趣，让学生在愉悦中学习数学，走进数学，爱上数学，积累丰富的数学活动经验，提高学生的学科核心素养。我们通过不同的组织形式、不同的知识内容、不同的老师授课等方式，使学生不仅可以得到数学能力的提高，也能同时培养学生的合作意识与创新意识，有效促进每一个学生的发展（见表5-4）。

表5-4 "经典数学节"的活动内容表

学期	月份	年级	活 动 内 容
第一学期	9月	八年级	勾股定理
		九年级	车灯与图像 双曲线作图与三等分角
	10月	七年级	杨辉三角相关历史 多彩几何
		八年级	秦九韶公式
		九年级	黄金数与黄金图形（黄金三角形、黄金矩形）
	11月	七年级	数字魔方
	12月	七年级	杨辉三角中的数列求和
		八年级	作息时间调研
		九年级	黄金分割与作图（作正五边形、正十边形和五角星）
第二学期	3月	七年级	1. 利用杨辉三角探究 $(a-b)^n$ 的展开式 2. 心灵手巧制作七巧板
		九年级	1. 黄金分割与斐波那契数列（优选法和分数法的应用） 2. 割圆术
	4月	七年级	排队问题
		八年级	赵爽弦图的证明
	5月	八年级	轴对称设计

（二）"经典数学节"的评价要求

"经典数学节"是为了激发学生对数学学习的兴趣，让学生乐于融入学习，自主探索，增强应用数学知识的意识，因此要求人人参与，小组合作，为此，我校以指导学生的学习过程为主要目的，从激发学生的学习兴趣为出发点，使评价要求有利于学生个体的发展，让学生在活动中体验成功的喜悦，故从以下几个方面对"经典数学节"进行评价：1. 活动的设计要契合课程理念，科学、合理，符合我校学生学情，体现经典文化的价值引领。2. 活动实施主题依据各年级学生的年龄特点，给每一个学生参与的机会，"教师是学生学习活动的合作者，以平等的态度鼓励学生积极参与活动，与学生一起感受成功与挫折，分享成果"①。3. 活动效果能达到让学生在已有的活动经验的基础上有所提升，能够利用所学的数学知识解决数学问题，获得丰富的数学活动经验，在活动中，学生能够团结协作，优势互补。4. 活动组织要有序，对学生的成果给予充分的肯定，鼓励学生克服困难，保护学生的积极性。

总之，"经典数学节"让每一个学生积极融入到活动中来，积累活动经验，感悟数学。

三、开展"经典阅读"，拓展数学学习视野

在执行国家课程方案和课程标准的前提下，针对学校自身特点，与校本课程开发相结合，采用多种形式，设置"经典阅读"课程。"经典阅读"主要是指导学生认识数学阅读的重要意义，掌握数学阅读的基本方法，在数学阅读中了解数学的发展，学会用数学的眼光看待世界。活动的宗旨是通过数学阅读，形成数学阅读的观念和习惯，进而培养学生的阅读能力、数学语言水平，能通过阅读独立获取知识和信息的能力，提高学生的数学素养，在阅读中以及阅读后的交流分享中使学生养成认真的学习态度，培养学生严谨的数学逻辑、敏锐的数学眼光。

（一）"经典阅读"的活动内容与实施

"经典数学"提倡学生在平常的数学学习中，逐步使学生养成良好的数学阅读习惯，渗透数学文化，为了使课堂内外的数学阅读能够有机地结合，达到高效阅读，学生以小组的形式进行阅读分享，分享形式可以多样化；教师根据学生的阅读内容进行阅读指导；让学生通过对不同的数学知识的阅

---

① 中华人民共和国教育部. 义务教育数学课程标准解读（2011 年版）［M］. 北京：北京师范大学出版社,2012:2.

读，进行阅读见解交流分享，深化数学知识水平，提升学生的理解能力，"经典阅读"的活动设置如下：

1. 学校阅读：学校在七、八、九三个年级开设"经典阅读"课，由教师设计经典阅读知识，进行指导，学生分享（见表5-5）。

表5-5 "经典阅读"的活动内容与实施表

年级		单元	主题	活动内容	实施要求
七年级	上学期	第一单元	古诗中的数字	品味经典古诗	1. 教师创设问题情境，指导学生阅读。2. 学生合作交流，感受数学乐趣。
		第二单元	九章算术漫谈	阅读古代数学专著，感知经典文化	
		第三单元	节约用水	对水资源浪费现象进行调查	
	下学期	第一单元	无理数漫谈	了解无理数	1. 教师指导学生阅读。2. 学生合作交流，感受数学乐趣。
		第二单元	几何画板作图形的平移	信息技术应用	
		第三单元	数学家的故事	了解数学家的故事，如费马猜想等	
八年级	上学期	第一单元	走进迪卡尔	了解数学家迪卡尔及其成就	1. 教师带领学生感知数学文化，增进数学兴趣。2. 学生动手操作，激发兴趣。
		第二单元	中国剪纸	会利用轴对称剪纸	
		第三单元	数学简史	了解数学史，感知数学文化	
	下学期	第一单元	几何原本	了解数学证明的严谨	1. 教师引导。2. 学生养成动手操作的好习惯。
		第二单元	一次函数建模	函数模型	
		第三单元	美丽的镶嵌	会设计精美图案	
九年级	上学期	第一单元	获取最大利润	利用二次函数解决生活实际问题	1. 教师带着学生一起探究。2. 学生养成动手操作的好习惯。
		第二单元	百囚徒挑战	策略最优问题	
		第三单元	植物中的"黄金角"	生物界的黄金数	
	下学期	第一单元	布丰投针	了解概率与频率的关系	1. 教师指导学生如何养成动手操作探究的好习惯。2. 学生养成动手操作的好习惯。
		第二单元	反比例函数图像三等分角	了解三等分角问题	
		第三单元	布洛卡点	知识产生背景	

2. 课外阅读：学生根据自己的需求选择阅读内容，书写数学周记、数学小论文等。

（二）"经典阅读"的活动评价

基于学校学生的学情，为了让更多的学生爱上阅读，感受阅读的快乐，达到阅有所思、阅有所获，故制定了如下的活动评价措施：1. 立足发展。教师要以促进学生发展的教学理念制定阅读课的教学目标。既要关注学生知识技能的培养，更要引起学生的好奇心和求知欲。2. 尊重差异。教师要尊重学生的个性差异，尽最大努力满足学生对阅读学习的不同需求，让阅读促进每一个学生的充分发展。3. 引导质疑。教师引导学生发现问题、提出问题，并尝试解决问题。4. 合作交流。小组互相讨论补充，交流思想，积累经验，加深理解。

通过"经典阅读"，唤醒学生的问题意识，让学生在教师指导、自主探究、同学交流的过程中反思质疑，深化理解。

四、成立"经典社团"，满足学生个性发展

根据不同年级学生的特点，通过预设的问题情境，建立感知数学的环境，让学生去体悟数学思想，学会用数学的视角看待世界、欣赏世界，帮助学生感受数学知识与自然以及人类社会的密切联系，提升对数学价值的认识，让不同的学生获得不同的发展。"经典数学"学生社团的实施，激发了学生的数学学习兴趣，使他们能感受到生活中的数学经验，通过"经典数学"来体验怎样用数学的思想和方法去观察世界、认识世界。社团由教师组织，设置以班级为单位的社团和年级特色社团，根据需求制定社团实施方案、活动主题、内容和形式，学生根据自己的兴趣选择不同的社团进行活动，最后以活动成果展示汇报。

（一）"经典社团"的活动形式

"灵动数学社"是我校给数学爱好者搭建的社团交流平台，它有别于普通的班级授课组织形式，而是通过吸引热爱数学的学生参加，并带动周围同学对数学社团产生兴趣，提高数学学科的影响力。我们通过学校集中海选、双向选择确定进入各数学社团的学生，再由社团负责人进行进一步的选拔，从而最终确定参加社团的学生。

（二）"经典社团"的评价要求

开展社团活动，是素质教育的需要，是青少年德、智、体、美、劳全面、健康发展的需要，是发展学生的主体意识，增强学生数学知识的应用和自觉践行的能力，积累数学活动经验的需要，我校制定如下的评价指标（见表5-6）。

表5-6 "经典社团"的评价指标表

评价指标		自我评价	小组评价	教师评价	综合评价
过程性评价	活动观察				
	活动记录				
	成果展示				
形成性评价	特色成果				
	展示形式				

五、创设"经典空间"，提升学生数学素养

数学文化作为数学的一个重要组成部分，早已融入我们的生活，给我们智慧，为让学生接受经典文化的熏陶，激发学生的求知欲，唤醒学生的潜能，增强民族自豪感，树立自信，我校在校园里创设了"经典空间"。

（一）"经典空间"的设计与实施

为了达到渗透数学文化的目的，进行数学的文化传承，激发学生的数学学习兴趣，我校从以下几点进行"经典空间"的设计：1. 设置"数学文化黑板报"，精选主题，检查评比，设置奖项；2. 以班级为单位布置"经典数学文化墙"；3. 以"经典数学"内容在校园的恰当的位置设置"校园数学文化角"。这样，数学文化与师生融为一体，让学生时刻沐浴在经典文化的熏陶中。

"经典空间"促进学生的数学生长，提升学生的数学学科素养。合肥市五十中学天鹅湖教育集团蜀外校区建立了以下实施方案：1. 七、八年级每学期布置一期黑板报，主题是"弘扬数学文化，学会用数学的眼光读懂世界"，由各年级组数学备课组组织检查评比；2. 七、八年级各班在班级布置一面"经典数学文化墙"，作为班级文化的一部分，内容可以是历史名人、数学家、著名的数学问题等，也可以是学生的数学绘画、数学小论文等；

3. 设置"校园数学文化角"，打造校园数学文化，塑造数学学习氛围，展现数学的魅力，内容设置以下几部分：（1）历史上一些数学家的图像；（2）经典数学图形；（3）著名的数学问题；（4）数学中的经典语句。

（二）"经典空间"的评价要求

"经典空间"意在点燃学生学习的热情，从而转化为探究数学知识和数学思想的兴趣，感受数学的价值，为此，我校从以下几个方面进行评价：1. 内容设置科学，主题明确；2. 布局合理，图文并茂，生动活泼；3. 书写清晰规范；4. 学生参与度高，激励学生思考；5. 学生之间交流评价。

六、设立"经典风暴"，搭建思维展示平台

通过"经典数学"的学习，学生获得思维的提升、认知的深化。为了让更多的学生得到进一步的发展，为培养他们的终身学习能力奠定基础，我校根据不同年级的情况，设立了"经典风暴"，为学生搭建思维展示的平台。

（一）"经典风暴"的组织推进

"经典风暴"由年级组织，先以班级为单位进行，各班选出优秀选手。再以年级为单位进行，根据需求制定"经典数学"的"思维风暴"实施方案、内容和形式，学生可以以演讲或"我当小老师"等形式进行展示。

"经典风暴"是我校给学生搭建的思维交流展示平台，激发学生对数学的热爱，提高数学学科在学生中的影响力。我们先通过班级海选，在进行双向选择的基础上确定自愿加入"经典风暴"的名单。

（二）"经典风暴"的评价要求

如下（见表5-7）

表5-7 "经典数学"的"思维风暴"评价表

评价指标		小组评价	教师评价	综合评价
过程性评价	表现情况			
	知识情况			
	展示情况			
形成性评价	思想方法			
	展示形式			

　　总之，"经典数学"以"经典课堂"为主要载体，举办"经典数学节"激发学生的学习兴趣，开展"经典阅读"让学生拥有一双数学的眼睛，成立"经典社团"让学生积累活动经验，创设"经典空间"给学生渗透数学文化，设立"经典风暴"达成学生数学品质的养成。

（撰稿人：陈利颖　王兵　黄迅　秦艳　饶宇）

第六章

智美融合
延展思维

数学美千姿百态、丰富多彩，从符号公式、曲线证明到结构形态、语言方法，数学无不以自身奇异性、和谐性的特征到处闪现着美的光辉。哪里有美好生活，哪里就有数学的美，数学的美已经渗透进我们生活中的点点滴滴。我们要学会用发现美的眼睛去看世界，用深层思维的大脑去创造世界。

合肥市颐和中学数学学科课程建设方案提出的"智美数学"，就是在数学学科课程实施中"智美融合"，即"寓美于智、寓智于美；以美启智、以智创美"。数学发现充满智慧，数学结论美不胜收，让学生经历数学发现的过程，感悟数学结论的深刻内涵，激发兴趣，引发深度思考，在"智美融合"中培养良好的数学学习习惯和思考方法，延展数学思维。

数学观察是数学抽象的基础，是合情推理的必要过程。"智美融合"培养学生从观察、发现数学美入手，抽象概念、探索规律、训练思维，锤炼学生良好的观察品质，为学生思维的提升提供良好的积淀；经历过程、体验发现是学习数学的基础，"智美融合"立足数学学科特点和学生的认知规律，为学生创造多元的体验机会，让学生在亲身体验的过程中享受学习快乐，感受数学的魅力；数学学习是学生自主探究、不断实践的过程，学生借鉴前人的经验，主动获取数学知识、直接体验，体会数学与生活的联系，感受数学的价值；学生在获取知识、训练技能的过程中，感悟数学思想方法，积累数学活动经验，形成自己的学习、思考习惯，不断在旧知识的生长点上长出新知的嫩芽，变得聪颖智慧，勇于创新。

总之，通过"智美融合"发展学生智力，不断延展学生数学思维，从而促进"智美数学"课程的实施，不仅能使学生在实践中感受数学美的魅力、数学结论的震撼，更能培养学生抽象思维和推理能力，促进学生在情感、态度与价值观等方面的发展。

"智美数学"：让学生在数学美中延展思维

合肥市颐和中学数学教研组现有教师 16 人，其中，中学高级教师 3 人、区级骨干教师 2 人，担任班主任职务有 8 名，具有研究生学历 4 人。该团队朝气蓬勃、锐意进取，多名成员所撰写的论文发表在国家级、省市级刊物上，教学课例在全国新媒体新技术教学应用大赛和市、区级数学课堂教学评比中斩获一、二等奖，同时承担多个课题的研究工作。团队立足学校实际，聚焦学生发展，结合学校课堂教学改革、学校课程建设两项研究，积极开展教学研究，不断探索教学新路子。以培养学生健康人格和创新精神为指导思想，依托"智美融合，以美启智"这一课程理念，重能力、重素养、重提升、重应用，我们依据《义务教育数学程标准（2011 年版）》文件精神，推进了"智美数学"课程建设。

<第一节>

用"智美"眼光观察世界

一、学科性质

数学课程具有基础性、普及性和发展性。在义务教育阶段中，数学课程作为培养公民素质的基础课程更具有其典型学科特性，呈现出独特的数学美。国内著名数学家徐利治教授曾提出："数学园地处处开放着美丽花朵，它是一片灿烂夺目的花果园，这片花果园正是按照美的追求开拓出来的。"[①] 在数学美中，我们体会到千姿百态的美。从符号公式、曲线证明到结构形态、语言方法，数学无不以自身奇异性、和谐性特征到处闪现着美的光辉。第五世纪著名数学评论家普洛克拉说："哪里有数，哪里就有美。"[②]

"智美数学"就是在数学学科课程实施中"智美融合"，即"寓美于智、寓智于美；以美启智、以智创美"，让学生在充分发现、感受数学美的同时调动学习积极性，在"美的刺激"中激发学习兴趣，引发数学深思考，提高发散性思维和创造性思维，为学生培养良好的数学学习习惯和数学学习方法、热爱数学、学好数学从而打开科学的大门，从而用发现美的眼睛去看世界，用深思维的大脑去创造世界。

二、学科课程理念

遵循学生身心发展的特点，依据《义务教育数学课程标准（2011 年版）》的相关理念和我校数学学科实际情况，我们提出以"智美数学"为核

---

①② 俞兰芳. 数学美的发展与赏析［J］. 宁波城市职业技术学院学报，2008 - 6.

心的课程理念。

"智美数学"有着丰美的学习课程，能拓宽学生的认知能力；"智美数学"有着淳美的艺术享受，能加强学生的审美能力；"智美数学"有着遂美的课堂体验，能提高学生的思维能力；"智美数学"有着奥美的实践活动，能增强学生的创造能力；"智美数学"有着优美的学习体验，能提升学生的合作能力；"智美数学"有着赡美的文化积淀，能丰富学生的欣赏能力。

（一）"智美数学"重观察

观察能力是构成智力的重要组成部分，数学观察能力是有目的、有计划、有选择的较持久的一种数学感知能力。"智美数学"培养学生从发现数学美入手，在探索数学概念、规律和思维训练中，有序、有目的、有取舍地激发浓厚的数学兴趣，培养正确的观察方法，锤炼良好的观察品质，为学生的思维提升提供良好的积淀。

（二）"智美数学"乐体验

体验是数学学习的最强基石。"智美数学"立足数学学科特点，学习目标多元，学习过程开放，学习体验丰富，学生在丰富多彩的社团活动中享受数学快乐，感受数学的无穷魅力。

（三）"智美数学"畅实践

"智美数学"实践的设置，打破了原有"重书本、轻经验；重结论、轻过程；封闭多、开放少；记忆多、应用少"的特点，充分发挥学生主体性，始终尊重学生爱好、需要和兴趣，使得学生在大量的实践活动中自由舒展身心，主动获取数学知识和直接体验，大胆尝试，发现数学的本质，体会数学与生活的联系，体会数学的价值。

（四）"智美数学"促创造

"智美数学"尊重孩子的个体差异，鼓励学生在学习中大胆创新，用多种多样的方式和方法展现自己的思考和成果，在体验中思考，在探索中挑战，在挑战中创新。通过基础课程和拓展课程的所学，能够初步运用数学知识解决生活实际问题，并形成一定的数学小发明和小制作。

（五）"智美数学"启智慧

数学体现着探索精神，"智美数学"让学生在探索、创新中锻炼思维的体操，教师引领学生打开思维的大门，在课堂上始终处于开智的兴奋状态，提升解决问题的能力，在发现中享受智慧，在思考中丰盈智慧。形成自己独特的思考、奇妙的想象，进而让学生累积、拥有新的智慧。

（六）"智美数学"养情感

数学教育以人为本，既关注数学能力的培养，更关注学生的情感、态度和价值观。"智美数学"让学生在充分发现美、感受美的同时，培养审美情趣和审美情操，让学生不仅有发现美的眼睛，更有创造美的理想，在树立正确的人生观和世界观的同时，更加热爱生活，热爱科学。

总之，通过"智美数学"课程的实施，能使学生在大量的数学实践中感受数学美的魅力，掌握运用数学的规律，提升创新意识和实践能力；培养推理能力和抽象思维；促进学生情感、态度、价值观的全面发展，同时为学生终身发展奠定重要的基础，更好地满足未来生活、工作和学习的要求。

第二节

用数学思维思考世界

一、学科课程总体目标

《义务教育数学课程标准（2011 年版）》指出：通过义务教育阶段的数学学习，学生能够获得适应社会生活和进一步发展所必需的数学基础知识、基本技能、基本思想、基本活动经验；学会运用数学的思维方式去观察、分析现实世界，解决生活中和其他学科中的问题，提高学生发现问题、提出问题、分析问题和解决问题的能力，增强对数学的应用意识；了解数学的价值，体会数学与自然及人类社会的密切联系；培养初步的创新精神和实践能力，在情感态度和一般能力方面都能得到充分的发展。进而在数学学习过程中培养数学运算、直观想象、数学建模、数学抽象、逻辑推理、数据分析等数学学科核心素养。实现会用数学眼光观察世界，会用数学思维思考世界，会用数学语言表达世界。① 基于以上分析，我校提出如下数学学科课程目标。

（一）掌握数学基础知识和基本技能

在初中阶段数学教学中，经历将一些问题抽象发展为数与代数问题的过程，掌握数与代数的基础知识和基本技能；经历探究物体与图形的形状、大小、位置关系和变化的过程，掌握空间与图形的基础知识和基本技能；经历在实际问题中收集和处理数据、利用数据分析问题、获得信息的过程，掌握统计与概率的基础知识和基本技能，让人人学习有价值的数学，人人获得基

---

① 中华人民共和国教育部制定. 义务教育数学课程标准［S］. 北京：北京师范大学出版社，2012.

础数学知识，并能运用数学基础知识、基本技能解决简单的实际问题。

（二） 培养思维品质和数学思想

学生的终身发展离不开良好的思维品质，特别是理性思维和科学精神，而数学在其形成过程中，发挥着不可替代的作用。初中阶段对于学生学习数学思维品质的培养尤为重要，具体为建立数感、符号意识和空间观念，初步形成几何直观和运算能力，发展形象思维与抽象思维，体会统计方法的意义，发展数据分析观念，感受随机现象。在参与观察、实验、猜想、证明、综合实践等数学活动中，发展合情推理和演绎推理能力，清晰地表达自己的想法。培养学生建模、推理、分类讨论、数形结合的数学思想方法。学会运用数学的基本思想和思维方式独立思考解决问题。

（三） 渗透情感态度价值观

数学对学生良好的情感态度价值观的形成起着积极的作用。鼓励学生积极参与数学活动，对数学有好奇心和求知欲；在数学学习过程中，体验获得成功的乐趣，锻炼克服困难的意志，建立自信心；认识数学与日常生活的密切联系，体验数学活动中充满探索与创造，感受数学的严谨性；养成实事求是的态度以及独立思考、合作交流、反思质疑等学习习惯；增强社会责任感，从而形成正确的人生观、价值观、世界观。

（四） 提升数学实践创新能力

数学实践创新能力的培养有利于学生终身发展，促进学生实践创新能力和素养的发展也实实在在地落实在数学课程标准中。《义务教育数学课程标准（2011 年版）》特别强调："学生初步学会从数学角度提出问题、理解问题，并能综合所学的知识和技能解决问题，发展应用意识。形成解决问题的一些基本策略，体验解决问题策略的多样性，不断提高实践能力和创新精神。"[1] 在近几年的数学中考中，就特别注重对学生思维过程、实践能力和创新意识的考查。

总之，我校将秉承"智美数学"的理念，围绕以上四个课程目标，发展学生的学科核心素养，培养具有应用意识和创新能力的中学生。

---

① 中华人民共和国教育部制定. 义务教育数学课程标准［S］. 北京：北京师范大学出版社，2012.

二、学科课程年段目标

根据沪科版数学教材的内容安排，我校梳理了学科课程年段具体目标（见表6-1）。

表6-1 "智美数学"年段课程目标表

年级	具 体 目 标
七年级（上）	1. 理解有理数的意义，掌握有理数的加、减、乘、除、乘方及其混合运算；理解一元一次方程及二元一次方程组的含义及一般解法，会利用一元一次方程及二元一次方程组解决一般问题。 2. 经历数据的收集、整理、描述和分析，了解数据处理的过程；会制作扇形统计图，能用统计图直观、有效地描述数据。 3. 了解CT技术，体会CT技术与一次方程组的关系。了解形成纳米材料特性的原因，能用数学方法分析、探究将一个正方体进行 $n \times n \times n$ 细分后表面积的变化情况。 4. 培养学生会将实际问题抽象成数学问题，通过列方程解决问题，增强用数学的意识，激发学生学习数学的热情。 5. 能灵活选择统计图对数据进行清晰、有效地描述，获取有用信息并作出合理的决策，认识数学与人类生活的密切联系。 6. 通过对水资源数据的收集与统计，培养学生节约用水的良好习惯，增强社会责任感。
七年级（下）	1. 理解实数的意义，掌握实数的加、减、乘、除、乘方及其混合运算；理解分式方程的含义及一般解法，会利用分式方程解决一般问题。 2. 通过实物和具体模型，了解从物体抽象出来的点、直线、平面和几何体等；理解平行线概念；掌握平行线的性质定理和判定定理。 3. 通过信息技术应用"几何画板"软件作图形的平移及了解钥匙复制原理，让学生增加学数学的兴趣及应用数学的能力，充分体会到数学在生活中无处不在，数学来源于生活，又用来指导生活。
八年级（上）	1. 学会用有序数对表示物体的位置，理解平面直角坐标系的有关概念；探索简单实例中的数量关系和变化规律。 2. 理解三角形及其内角、外角、中线、高线、角平分线等概念；了解多边形的定义、顶点、边、内角、外角、对角线等概念；探索并掌握多边形内角和与外角和公式。 3. 学会处理实际问题中的变量，建立函数模型来刻画变量的变化规律，掌握已建立的函数模型对函数关系进行分析，尝试对变量的变化规律进行预测，培养学生分析技能和解决问题的能力。 4. 数学活动"剪纸"题培养学生的动手能力和应用数学的能力。 5. 培养数学运算、数学建模、数学抽象、逻辑推理、数据分析等数学学科核心素养。

年级	具体目标
八年级 （下）	1. 了解二次根式、最简二次根式的概念，掌握用配方法、公式法、因式分解法解数字系数的一元二次方程。 2. 理解平均数的意义，能计算中位数、众数、加权平均数，了解数据集中趋势的描述，感受样本代表性的意义。 3. 学生通过建数学模型来解决问题的实践活动，体会样本估计总体的思想，体验学习的乐趣和成就感。 4. 学生在参与观察、实验、猜想、证明、综合实践等数学活动中，发展合情推理和演绎推理能力，清晰地表达自己的想法。
九年级 （上）	1. 通过对实际问题的分析，体会二次函数的意义，利用二次函数解决实际问题。 2. 了解比例的基本性质、线段比、成比例线段；通过建筑、艺术实例了解黄金分割。 3. 了解相似和位似三角形的概念，掌握相似三角形的判定定理和性质定理：探究相似三角形的相似比、面积比，会利用位似将一个图形放大或缩小。 4. 经历销售中最大利润问题的探究过程、运用三角形相似的知识解决测量等实际问题，让学生了解数学的价值，了解数学建模的思想，培养学生分析问题、解决问题的能力，以及创新性思维能力。让学生体会数学来源于生活又服务于生活，增强学生学习数学的兴趣，树立学好数学的信心。
九年级 （下）	1. 能通过列表、画树状图等方法列出简单随机事件所有可能的结果，了解事件的概率，理解概率在遗传学中的应用，了解遗传病的传代规律及出现概率。 2. 理解圆、弧、弦、圆心角、圆周角、切线等相关概念，探索并了解点与圆的位置关系，了解并证明圆周角定理及其推论等；会计算圆的弧长、扇形的面积；了解正多边形的概念以及正多边形与圆的关系。 3. 了解中心投影和平行投影、视图的概念，感受视图与展开图在现实生活中的应用。 4. 设计阅读与欣赏"几何概率"，是介绍另外一种基于等可能假设的概率模型，让学生了解初中等可能性条件下的概率计算在生活中的应用，从而让学生更关注生活与数学的联系，体会数学来源于生活又服务于生活，增强学生学习数学的兴趣，树立学好数学的信心。

第三节

数学思维的"智美融合"

一、学科课程结构

依据"智美数学"课程的理念和目标，构建生活数学的大课堂，我校确定了"智美数学"课程框架（见图6-1）。

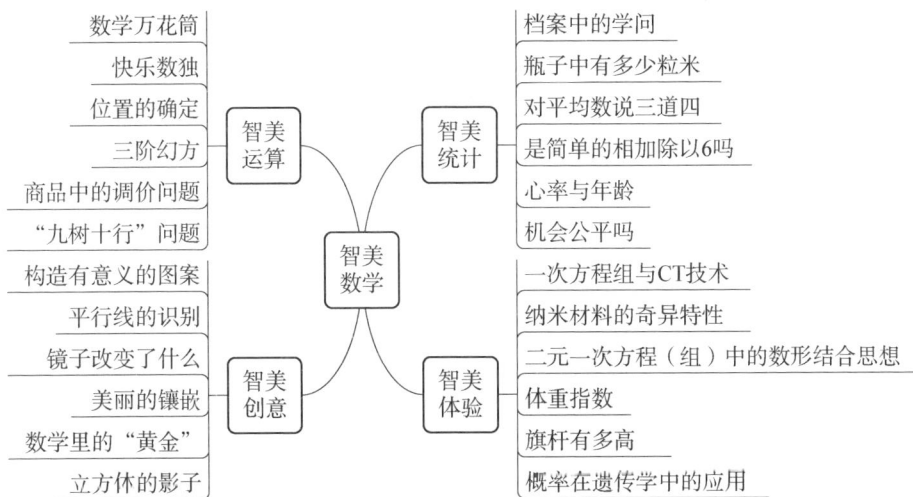

| 智美运算 | 数学万花筒 |
| 快乐数独 |
| 位置的确定 |
| 三阶幻方 |
| 商品中的调价问题 |
| "九树十行"问题 |

| 智美统计 | 档案中的学问 |
| 瓶子中有多少粒米 |
| 对平均数说三道四 |
| 是简单的相加除以6吗 |
| 心率与年龄 |
| 机会公平吗 |

智美数学

| 智美创意 | 构造有意义的图案 |
| 平行线的识别 |
| 镜子改变了什么 |
| 美丽的镶嵌 |
| 数学里的"黄金" |
| 立方体的影子 |

| 智美体验 | 一次方程组与CT技术 |
| 纳米材料的奇异特性 |
| 二元一次方程（组）中的数形结合思想 |
| 体重指数 |
| 旗杆有多高 |
| 概率在遗传学中的应用 |

图6-1 "智美数学"课程结构图

在图6-1中，各板块课程具体表述如下：结合我校学生学情，把"智美数学"课程分为"智美运算""智美创意""智美统计"和"智美体验"四个板块，将初中数学中带有探索趣味的数学问题分类其中，以此增加数学趣味，提高学生的学习兴趣。

二、学科课程设置

《义务教育数学课程标准（2011年版）》在各学段中安排了四个部分的课程内容："数与代数""图形与几何""统计与概率""综合与实践"，结合"智美数学"理念，我校将"智美数学"课程设置如下（见表6-2）。

表6-2 "智美数学"课程设置表

实施年级	智美运算（数与代数）	智美创意（图形与几何）	智美统计（统计与概率）	智美体验（综合与实践）
七年级上学期	数学万花筒	构造有意义的图案	档案中的学问	一次方程组与CT技术
七年级下学期	快乐数独	平行线的识别	瓶子中有多少粒米	纳米材料的奇艺特性
八年级上学期	位置的确定	镜子改变了什么	对平均数说三道四	二元一次方程（组）中的数形结合思想
八年级下学期	三阶幻方	美丽的镶嵌	是简单的相加除以6吗	体重指数
九年级上学期	商品中的调价问题	数学里的"黄金"	心率与年龄	旗杆有多高
九年级下学期	"九树十行"问题	立方体的影子	机会公平吗	概率在遗传学中的应用

第四节

用延展思维感悟数学美

一、构建"智美课堂"，提升教学效能

"智美课堂"是让学生发现数学的思维美、想象美、逻辑美，以及发展学生的数学思维能力、学习能力、逻辑能力和空间想象能力的课堂。

（一）"智美课堂"的实施

教学实践中，我们总结出先学后教的"智美数学"课堂实施四步法：唤醒美——创造意境，激发兴趣；生成美——主动学习、激励智慧；发展美——展示交流、评价总结；升华美——拓展应用、举一反三。

（二）"智美课堂"的评价

我校从"教学设计饱满，教学实施智慧、灵动，教学效果和谐"这三大方面设计了"智美课堂"教学评价表（见表6-3），引领课堂文化。

表6-3 "智美课堂"教学评价表

指标	评价标准	优	良	及格	不及格	效果
		完全达到	基本达到	部分达到	少量达到或未达到	
美丽	美中启智（15分）	1. 带着启发学生已有的知识、情感和经验为主的问题情境走入课堂，让学生在学习中发现数学的美丽。 2. 通过观察生活中美丽的事物，引领学生发现合适的有价值的问题，启发学生智慧。				
		15—13分	12—10分	9—7分	6分以下	
	美中寻智（25分）	1. 学生带着问题自主探究与交流合作，在解决问题的过程中，教师引导学生主动思考，积极体验。 2. 在学生自主学习过程中，教师能发挥主导作用，勤于观察，适时给予学生指导和鼓励，并兼顾到各个层面的学生。				
		25—22分	21—18分	17—14分	13分以下	

指标	评价标准	优	良	及格	不及格	效果
		完全达到	基本达到	部分达到	少量达到或未达到	
智慧	美中汇智（25分）	1. 学生带着解决问题的喜悦去交流观点、质疑追问，教师最大限度地了解学生遇到的疑难问题，并对疑难问题进行梳理。 2. 教师在课堂中要及时总结，针对核心目标，鼓励学生发现生活中的美丽数学问题，并进行拓展。				
		25—22分	21—18分	17—14分	13分以下	
	美凝升智（15分）	1. 学生应紧密联系生活实际，尝试运用数学思想解决问题，教师训练点明确，题型典例，内容分布有梯度。 2. 引导学生解决生活中常见的数学问题，培养创新思维。				
		15—13分	12—10分	9—7分	6分以下	
超越	教师学生发展（20分）	1. 学生学习过程充分，在自学和展示的过程中，体现合作、探究、实践、质疑等学习方式。 学生勇于发表自己的观点，听取他人意见，有效地进行小组交流。 2. 教师教学个性鲜明，课堂应变能力强，激发学生探究美的欲望，创设愉悦、美丽的教学氛围。				
		20—18分	17—15分	14—12分	11分以下	

智慧分享（亮点）：　　　　　　　　　观课感悟（反思）：

二、开设"智美社团"，拓展学习方式

为发展学生个人特长，促进学生全面发展，我们引导学生以兴趣为导向，自主开设"智美社团"，如"X"社团，通过开展丰富多彩的社团活动，给每个学生充分发展的空间，让每个学生享有成功的喜悦。

（一）"智美社团"的实施

每学年初，学生自主成立社团，由年级老师和大家一起活动，师生共同制定社团活动章程，确定活动主题，根据主题撰写活动方案，每周一下午社团课以年级为单位进行活动。通过多元的学习方式，学生的兴趣得到培养和提高，增广了知识，开阔了视野，陶冶了情操。

（二）"智美社团"的评价

每学期、每学年对社团进行全方位的考核，激发广大学生积极参与社团

活动的兴趣。每学期从日常考勤、活动开展、学生评价等方面对社团活动情况进行评价（见表6-4）。每学期各社团内部开展比赛活动。选出5名师生代表组成评委团，评委们依据评价标准评选出"最美社团""十佳优秀团员"。

表6-4 "智美社团"活动评价标准表

学校： 班级： 姓名：		时间：		
评价内容		自评	组评	师评
参与态度	认真参加每一次活动，对每一次活动始终保持浓厚的兴趣。			
	能发挥自身的优势为小组提供必不可少的帮助，努力完成自己承担的任务。			
执着精神	能积极配合小组开展活动，服从安排。			
	能积极地与组内、组间成员交互讨论，能完整、清晰地表达想法，尊重他人的意见和成果。			
	在活动中，能和大家互相学习和帮助，促进共同进步。			
创新实践	有浓厚的好奇心和探索欲望。			
	在小组遇到问题时能提出合理的解决方法。			
	活动中，能发挥个性特长，施展才能。			
能力提高	在活动中，能运用多种渠道收集信息。			
	在活动中遇到问题不退缩，可以自己想办法解决。			
	提高了与他人交往的能力。			
体会	我的收获是：			
	我的感受是：			
	我还需努力的是：			

备注： A等， ♡五颗； B等， ♡四颗； C等， ♡三颗； D等， ♡两颗

三、开展"智美探究"，促进思维发展

数学与我们的生活紧密相连，为了激发学生学习数学的热情和兴趣，感受数学的魅力，体会数学的价值，培养学生在日常生活中应用数学的意识，让学生在参与活动中得到锻炼，学校开展了"智美探究"活动。

（一）"智美探究"的实施

"让孩子们充分感悟、动手动脑"是"智美实践"的实施总理念。活动以思维训练为主线，以学生活动为载体，以激发学生的学习兴趣为目的。"智美实践"在内容和形式上不同于学生的数学课本，过程更不拘一格，遵循"源于课本，活于课本，启迪思维"的原则，紧扣活动主题，为各个年级开发本年级教材中图形与几何领域、综合与实践领域方面的内容，力求题材内容生活化、形式多样化、教学活动实践化，培养学生自主性、主动性，发展学生的思维，培养学生的数学素养，开发学生的潜力提升学生的智力。

在活动中，学生能够学习知识，锻炼能力，展示才华，这样既可以使学生加深对所学知识的理解和掌握，又可以提高学生灵活运用所学数学知识解决实际问题的能力。

（二）"智美探究"的评价标准

"智美实践"围绕本年级教材中图形与几何领域、综合与实践领域方面的内容，开发了相应的活动主题。此评价主要是调动学生的学习积极性，使学生在活动中有收获，有进步，从而提高学生的创新能力和应用数学解决问题的能力。我校制定的具体评价如下（见表6-5）。

表6-5 "智美探究"评价标准表

	评价标准	自我评	同伴评	家长评	教师评	总评
发现探索问题	A. 善于思考，能主动发现并解决活动中遇到的问题。					
	B. 能按要求自主解决一些活动中的问题。					
	C. 依靠别人解决问题。					
参与合作态度	A. 积极与同伴团结协作。					
	B. 能与同伴协作。					
	C. 不能与同伴协作。					
作品完成情况	A. 能按时完成作品，且质量较高，有创新。					
	B. 能完成作品，且有一定质量。					
	C. 仅能完成作品。					

评价分为 A、 B、 C 三个等级，由自我、同伴、家长、教师分别给予评价，并综合得出评价等级。对"智美探究"评价表，教师可以根据活动内容的不同适当进行调整。

四、开展"智美竞赛"，促进兴趣提升

"智美竞赛"立足于激发学生学习数学的兴趣，提高学生计算和解决问题的能力，提升学生的创新意识，为学生搭建展示、学习、交流的平台，促进学生数学素养的全面提升。我校开展"智美数学"学科竞赛活动。

（一）"智美竞赛"的实施

数学竞赛可以锻炼学生的思维，让学生掌握从不同的角度分析问题和解决问题的能力，更能锻炼学生的毅力。竞赛是让学生兴趣特长得以张扬的主要载体，因此我校"智美竞赛"立足数学学科特点，设计了"计算小能手竞赛""解决问题擂台赛"和"数学阅读大比拼"的竞赛活动。让学生在比赛中探究数学，在实践中收获乐趣，发展学生特长。

1. 计算小能手竞赛。计算是数学中重要的组成部分，是学生学习数学的基础，也是学生应该具备的基本技能。计算能力的高低，对学生基本的运算能力有着极其重要的影响。计算能力的训练，有助于培养学生敏锐的观察力、综合的思维能力及快速反应能力。学校以相应年级现行教材内容为主，七至八年级侧重计算、速算能力的竞赛，九年级侧重计算、巧算能力的竞赛。计算能力是一种非常基本和重要的能力，通过计算竞赛的组织、练习和实施，能激发学生计算的兴趣，同时提高学生的计算、估算能力，使学生具有必备的、扎实的计算基本功，从而落实课标所提出的"重视计算，加强估算，提倡算法多样"的要求，从另一个侧面展现学生的风采，对提高全体学生的计算能力起到良好的推动作用。

2. 解决问题擂台赛。数学教学如何有效地完成"问题解决"是困扰数学教师课堂教学和学生学习活动的难点，是与国际数学教学接轨的主要途径。对教师而言，不仅有利于对教学目标的确定，更有助于对教学方式、学生学习方法及教学过程整体设计方向的明确；对学生而言，是一种综合的数学学习能力，也是综合性、创造性地解决新的情境中数学问题的过程。"解决问题擂台赛"从学生层面来说，是以"培养学生如何解决数学问题的能力"为切

入点，使学生形成解决问题的基本策略，提高学生发现问题、提出问题、分析和解决问题的能力，不断提高学生的数学素养；从教师层面来说，利于教师根据学情及学科特点设计教学环节，树立"数学源于生活，用于生活"的理念。

3. 数学阅读大比拼。有效的数学阅读能够发展学生的思维，提升学生的数学素养。课外数学科普读物、数学学习指导读物及数学自然科学期刊等，对于开阔数学视野、发展学生的数学思维也是不可缺少的阅读材料。因此，我们积极引导学生阅读数学课外读物，以逐步形成良好的数学阅读习惯。数学教师根据不同年级学生的阅读兴趣和需求，精选适合本年级学生阅读的名家名作，让学生在享受数学阅读的过程中，不仅储存知识，更储存由此而来的快乐与充实，加强理解与感悟。

（二）"智美竞赛"的评价标准

通过"计算小能手竞赛""解决问题擂台赛"和"数学阅读大比拼"的数学竞赛活动，根据学生的整体完成情况，按一定比例分别评出"优秀""良好""合格"三个等级，分别授予5、4、3个印章数，记录在《智慧储蓄卡》中，并根据印章数颁发"数学智慧之星"奖状。通过竞赛，激发全校学生学习、钻研数学知识的兴趣，拓展学生的知识面，提高学生的数学素养。

综上所述，"智美数学"重在培养学生逻辑思维和推理能力，使学生开展"智美融合、怡美启智"的奇妙之旅，旨在实现课程目标，促进学生数学素养的发展，培养具有家国情怀的具有"仁、智、勇"品质的少年。

五、举办"智美数学节"，激发学习热情

《义务教育数学课程标准（2011年版）》中指出学生学习应当是一个生动活泼的主动的和富有个性的过程。除接受学习外，动手实践、自主探索与合作交流同样是学习数学的重要方式。了解数学的价值，提高学习数学的兴趣，增强学好数学的信心，养成良好的学习习惯，具有初步的创新意识和实事求是的科学态度。[1]"智美数学节"活动根据学校实际，每学年拟定一个数学活动节日，以一系列数学活动为基本载体，旨在激发学生学习数学的兴趣与热情，让每一个学生感受数学的魅力，增进师生、生生之间的情感。

---

[1] 中华人民共和国教育部制定. 义务教育数学课程标准 [S]. 北京：北京师范大学出版社,2012.

(一)"智美数学节"的活动设计

"智美数学节"以学生的独立参与和班级竞赛为主,设立学生个人单项奖和班级奖。每学年都有统一的主题,每个年级根据所学知识以及学生认知特点制定年级组的主题,主题与本学期所开设的课程保持一致,并依据主题制定详实可行的方案。

(二)"智美数学节"的评价标准

为了激发学生学习数学的兴趣,营造浓厚的数学学习氛围,增强学生学习数学的信心,感受学习数学的快乐,我校以下四个方面对"智味数学节"进行了评价:

1. 方案设计要契合学科课程理念,能凸显数学领域的教育价值,能根据学生已有的知识经验和认知水平,科学、合理地设计方案。

2. 活动实施过程能根据"智美数学节"的主题和学生的年龄,设计学生喜欢的活动,学生在活动中参与面广,而且有充分的自主探索和合作交流的时间和机会。

3. 活动效果能达到学生在活动中轻松愉快、积极地参与,有自主表达欲望,能在原有水平上得到提高,能运用已有的知识并获得新的体验。

4. 在组织管理上,教师有较强的活动组织能力,能对整个过程进行合理的调控,并给予及时评价。我校制定了"智美数学节"的评价表(见表6-6)。

表6-6 "智美数学节"评价表

评价项目	评价要点	评价标准	评价等级			
			优秀	良好	合格	不合格
目标内容	1. 目标明确	符合实践能力、综合知识、学习策略、情感态度和培养目标				
	2. 内容综合	贴近学生的生活实践、社会实践、劳动技术实践、信息技术实践				
		内容综合、宽泛、新异,符合学生身心发展的规律,促进学生个性发展				
		丰富学生体验,培养学生兴趣爱好				
		引入多种信息				
		围绕主题,综合运用多门学科知识				
	3. 实践性强	次主题分量适当,具有操作性				
		难易适当,实践性突出				

评价项目	评价要点	评价标准	评价等级			
			优秀	良好	合格	不合格
活动过程	1. 组织形式	走进课堂，走入生活				
		组织形式多样				
	2. 学生活动	方法得当，体现探究式学习方法				
		自主活动，学生主体性得到充分发挥				
	3. 教师指导	教师是活动合作者、参与者、指导者				
		指导方法得当				
	4. 活动步骤	活动导入贴近自然				
		学生亲自实践，动脑、动口、动笔				
		活动拓展延伸				
		各实践环节有机结合				
活动效果	1. 学生体验活动	自主思考、设计、操作和解决问题，有真实体验，陶冶情操，愉悦身心				
		多元评价贯穿于活动全过程				
	2. 学生参与活动	学生主动活动面大、活动量大，能获得实践锻炼				
		以活动促发展，能力得到提高				
	3. 学生知识面和学习策略	知识面有所拓宽				
		学习方法、方式多样，学会学习				
		具有创新精神和意识				

六、创设"数学文化墙"，营造数学学习氛围

（一）"数学文化墙"的设计

学生是数学学习的主体，在积极参与学习活动过程中不断得到发展。"智美数学"认为学生获得知识必须建立在自己思考的基础上，可以通过接受学习、自主探索等方式；在获得知识技能的过程中，只有亲身参与教师精心设计的教学活动，才能在数学思考、问题解决和情感态度等方面得到发展；学生应用所学知识并逐步形成技能，离不开自己的实践；教师应该成为学习活动的组织者、合作者、引导者，为学生的发展提供良好的条件。"智美数学"要求教师起"引导"作用，主要体现为：通过恰当的问题和准确、清晰、富

有启发性的讲授，引导学生积极思考，激发学生的好奇心；通过恰当的归纳和示范，使学生理解知识、掌握技能、积累经验、感悟思想；能关注学生的差异，用不同层次的问题，引导每一个学生都能积极参与学习活动，提高教学活动的有效性。

（二）"数学文化墙"的实施

"数学文化墙"分为"墙上的数学""问题银行""特色成果"三个板块。

1. "墙上的数学"，即由教师将自主开发的学具呈现在班级"文化墙"上，供学生利用工具进行学习数学，如七年级"数学文化墙"设置"实数墙"，通过对"实数墙"的观察，让学生感实数分类、绝对值的基本性质、实数比较大小等相关内容。

2. "问题银行"，即指在平时数学学习的过程中，学生将遇到的问题、产生的疑问或对事物的思考，以"小存折"的形式放入"银行"，在学期中或学期末时一并解决。

3. "特色成果"，即主要展示有创意、有独特思考的数学优秀成果，展示学生在数学学习活动中的收获，为学生提供数学交流的平台，使学生感受到数学学习的成功和自信。

（三）"数学文化墙"的评价

关于"墙上的数学"的评价，主要从学校层面进行。每学期末，各数学教师对自己的创意设计作出简要介绍，并由全校教师投票选出一、二、三等奖，为教师颁发"最佳者"称号。

关于"特色成果"的评价，先从班级层面进行，主要由教师选取突出的作品。每一类"特色成果"上墙后，班级全体学生投票评选出优秀作品，优秀作品获得四颗星印章，依名次分获三、二、一颗星印章；再从年级层面进行，由各年级教师、学生共同评选出最佳作品，并颁发星荣誉证书。"特色成果"要定期更换，学期末根据星印章和星荣誉的获得次数，进行定量统计和表彰。

关于"问题银行"的评价，以班级层面为主，对学生的疑问、思考，定期进行集体解答，对于提出有意义、有价值的问题，奖励一颗星印章。学期末，为善于思考的同学颁发星荣誉证书。我校制定了"数学文化墙"

的评价表（见表 6 - 7）。

表 6 - 7 "数学文化墙"评价标准表

	自评			互评		
	优	良	合格	优	良	合格
独创性						
新颖性						
实用性						
知识性						
总评						

总之，通过"智美数学"课程的实施，使学生在生活实践中运用数学规律，解决实际问题，提高实践能力、思维能力，培养创新应用意识，为学生未来的学习、工作和生活夯实了基础。

（撰稿人：许晓艳 王敏 陈五定 施云云 王芳 饶宇）

第七章

灵智共生
强化思维

　　智力是成功地解决某种问题所表现出的具有良好适应性的个性心理特征，思维是智力的核心成分。关于智力的品质，若表现在知觉上，则有选择性、整体性、理解性、恒常性；若表现在记忆上，则有意识性、理解性、持久性、再现性；而表现在思维上，则有敏捷性、灵活性、创造性、批判性和深刻性。其中，思维品质尤为重要，培养思维品质是发展智力的关键环节。

合肥市琥珀中学龙居山庄校区数学学科课程群建设方案提出了"灵智数学"课程，旨在追求"知从灵生，灵由智始，灵智共生"的境界，也就是通过"灵动"的方式获得知识，再从获得的智慧中发展"灵动"的思维，从而激发学生学习兴趣，调动学生学习积极性，引发学生的数学思考，鼓励学生的创造性思维。"灵智数学"的教学方式应该是形式多样、丰富多彩的，从而为学生提供更多动手实践、自主探究和合作交流的机会；"灵智数学"是在获得智慧的过程中发展思维，以发展学生的思维为核心目标，促进学生全面发展与成长，"灵智数学"课堂倡导"两心一线"，即以学生为中心、思维为核心、活动为主线；"灵智数学"促进学生掌握灵动的数学学习方法，积累数学活动经验，培养学生的灵活应用数学知识的能力；"灵智数学"重视实践，关注综合，注重学生自主参与、全程参与，注重数学与相关学科知识联系与综合应用。

总之，通过"灵智数学"课程的实施，不仅能使学生手、眼、口、脑全方位、多维度、多感官地参与到数学实践中来，更能强化合情推理、逻辑思维、发散思维的共同发展，进而达到数学灵感和数学智慧的同时升华，实现强化数学思维的目标。

灵智数学：让学生的数学思维灵智飞扬

琥珀中学龙居山庄校区数学教研组是一个乐思进取、追求创新的数学教学团队。团队共有成员 7 人，教师年龄结构合理，其中中学高级教师 2 人，担任班主任工作的 4 人。数学组教师团结协作，乐于学习，勤于思考，不断探索教学新方法、新思路。在教学中，注重对学生良好的学习心理的培养，注重现代化教学方法的运用，以培养学生健康人格和创新精神为指导思想，务实的教学实践取得了显著的教学效果。近年来，琥珀中学龙居山庄校区数学组的教育质量始终保持着稳步上升的良好态势，为学校教育工作作出了贡献。为了进一步推进我校数学学科课程建设，依据教育部《关于全面深化课程改革落实立德树人根本任务的意见》和《义务教育数学课程标准（2011 年版）》等文件精神，结合学校实际情况，数学教研组提出了"灵智数学"的课程建设方案，借此推进教师教学品质以及学生数学素养的提升。

让智慧在灵动的思维中起舞

一、学科性质

依据《义务教育数学课程标准（2011 年版）》的要求："义务教育阶段的数学课程是培养公民素质的基础课程，具有基础性、普及性和发展性。课程的实施要能使学生掌握必备的基础知识和基本技能，培养学生的抽象思维和推理能力；培养学生的创新意识和实践能力；促进学生在情感、态度与价值观等方面的发展。义务教育数学课程能为学生未来生活、工作和学习奠定重要的基础。"① 我们认为在教学过程中，教学组织形式、教学方法的多样化可以让学生在获得基础知识和基本技能的过程中发展创新意识和创造能力，因此，我们提出了"灵智数学"的课程建设方案。

二、学科课程理念

"灵智数学"的课堂教学目标是追求"知从灵生，灵由智始，灵智共生"的境界，即通过灵动的方式获得知识，再从获得的智慧中强化灵动的数学思维，从而激发学生兴趣，调动学生积极性，引发学生的数学思考，鼓励学生创造性地学习，注重培养学生良好的数学学习习惯，掌握恰当的数学学习方法。

（一）知从灵生

通过灵动的方式获得知识。"灵智数学"教学内容丰富，教学形式多样，

---

① 中华人民共和国教育部. 义务教育数学课程标准（2011 版）［S］. 北京：北京师范大学出版社，2012：1—2.

在课堂教学中努力实现"生生互动，师生互动"的教学目标。俗话说："教无定法，贵在得法"，只要课堂能够激发学生参与数学学习的兴趣，提高他们参与数学学习的主动性，这就是一种好的教学形式。

（二）灵由智始

在获得的智慧中发展灵动的思维。"灵智数学"课堂是在已有的知识经验基础上获得新知识和发展新思维的课堂。因此传授新的数学知识需要充分考虑和利用学生已有的数学知识经验，需要教师在课堂上引导学生运用知识迁移规律，重组和扩充知识结构，在获取新知识的过程中发展数学思维。

（三）灵智共生

发展学生思维，培养学生创新能力。积累数学活动经验、培养学生应用意识和创新意识是数学课程的一个重要目标，应贯穿整个数学教学中。"灵智数学"在开发过程中重于实践、重于综合。"重于实践"是指在数学活动过程中，注重学生主体地位，注重学生的参与，重视学生动脑、动手、动口；"重于综合"是指在开展数学活动中，充分考虑数学与生活以及其他学科之间的横向联系等。

探寻灵动思维的创生方式

一、课程总体目标

《义务教育数学课程标准（2011 年版）》指出："通过义务教育阶段的数学学习，学生能够获得适应社会生活和进一步发展所必需的数学基础知识、基本技能、基本思想、基本活动经验；体会数学知识之间、数学与其他学科之间、数学与生活之间的联系，运用数学的思维方式进行思考，增强发现和提出问题的能力、分析和解决问题的能力[①]。"基于此，我校确定了"灵智数学"的课程总目标，具体如下：

（一） 掌握数学基础知识和基本技能

体会和理解知识的形成过程在学习中非常重要，掌握基础知识和基本技能是发展能力的前提。在知识方面，要重视经历数与代数问题的抽象过程、运算过程、建模过程，让学生在解决生活实际问题的同时掌握基础知识；通过经历不断探究和归纳几何图形的形状、大小、位置关系和变化过程，掌握关于空间和图形基础知识；在实际问题中通过不断收集和处理生活中的大量数据，学会简单的判断和预测，掌握统计与计算概率的数学基础知识。

（二） 推动数学思想的产生和碰撞

学生的数学思想往往是建立在对数学基础知识的学习上逐步获得的，如：数形结合思想、分类讨论思想、建立模型思想等等。因此，在教学中，"灵智数学"课程为学生提供了丰富、典型和正确的直观背景资料，创造了一

[①] 中华人民共和国教育部. 义务教育数学课程标准（2011 版）［S］. 北京：北京师范大学出版社,2012:8.

个环境和条件，使学生与知识之间发生作用，通过展示知识的发生过程，发展学生思维，帮助学生积累数学活动经验。

（三）培养良好的情感态度

良好的数学思维品质，不仅涵盖认知范围内的思维，还包括意志、直觉、想象等思维过程，因此只靠会解数学题目是无法获得的。情感教育是"灵智数学"的一个重要组成部分，它要求学生对与数学相关的事物产生好奇心，同时也要求学生能参加数学活动，能尝试克服困难，与他人共同获得数学活动的成功体验，同时知道数学能描述一些生活现象，感受数学和生活之间的密切关系；能倾听别人的观点，尝试向他人提出自己的观点，学会尊重客观事实。

（四）增强数学实践创新能力

培养数学创新能力有利于学生的终身发展，根据《义务教育数学课程标准（2011 年版）》总目标的要求："学生要学会从数学的角度，初步认识问题、理解问题，并能够综合运用已有的知识经验和技术来解决问题，发展应用意识，自主获得一些解决问题的基本策略，体验到解决问题的多样性，不断提升实践能力和创新精神。"[1]

总之，我校将围绕上述四个学科课程目标，发展学生数学核心素养，培育具有较强创新意识、创新能力的中学生。

二、学科课程年段具体目标

根据沪科版数学教材的内容安排，结合"灵智数学"总目标以及学校实际情况，我校梳理了学科课程年段具体目标（见表 7-1）。

表 7-1　"灵智数学"年段课程目标表

年级	上册	下册
七年级	1. "'有理'世界"通过介绍负数的历史，让学生对我国古代的杰出数学成就有所了解，在渗透爱国主义教育的同时激发学生的创造精神。在体会负数来源于生活	1. "'实数'大家庭"以了解数系由有理数扩展到实数的发展历程，进一步了解有理数、无理数的意义。通过展示我国古代数学家研究圆周率 π 的艰

---

① 中华人民共和国教育部. 义务教育数学课程标准（2011 版）[S]. 北京：北京师范大学出版社，2012：9.

年级	上册	下册
	的过程中，了解数的发展源于人类实际生活和生产的需要，了解数系扩充的必要性。 2. "多彩几何"通过"介绍几何学的发生、发展历史""自然界中的几何""展示生活的几何图形""自主作图"等几个环节，为学生展现丰富多彩的几何世界，帮助学生认识几何。经历几何图案的制作过程，激发学生学习几何的乐趣，提升审美情趣。 3. "数据处理"通过调查水资源浪费现象这一过程，进一步体会统计的广泛应用，发展学生的统计观念和应用能力。充分发挥小组合作与交流的作用，积累活动经验，增强学生的合作意识，发展学生的合作能力。学生在调查实践中了解水资源的相关知识，增强学生保护水资源、珍惜水、节约用水的意识。 4. "数学与医学"通过了解一次方程组在CT技术中的应用，引导学生联系生活实际体会数学与生活的广泛联系，学会从日常生活中搜集、整理数学信息。学会用数学的思维去观察、分析、解决日常生活中的数学问题，在学习与运用中不断提高数学实践能力。	辛历程，激发学生的爱国之情及学习数学的兴趣。 2. "'线'制想象"通过生活中具体的实例："灌溉渠铺设管道最短问题"和"潜望镜为何在水下可以观测到水上"等问题激发学生对几何的兴趣，培养学生将实际问题逐步转化为数学问题的能力，发展学生的建模能力，提高学生解决问题的能力。 3. "统计初步"通过对英文短文中26个字母出现次数的统计，让学生经历数据的收集、整理和描述的过程。通过完成统计表并回答相关的问题，学生能够初步体验统计过程，感受统计方法，培养统计意识。 4. "纳米材料的奇异特性"是通过了解和探究纳米材料的奇异特性，让学生积极动脑、动手、动口，查阅资料，经历以问题为载体，以学生进行自主参与为主的数学活动，发展学生的应用意识和交流能力。
八年级	1. "'一次函数'智慧多"是通过学生建立一次函数模型估计下一届奥运会的冠军成绩。通过将实际问题抽象成数学问题，并建立合适的数学模型来表示数量关系和变化规律的过程，培养学生作图能力、推理能力、数学建模能力。在实际操作的过程中进一步理解函数的意义，发展学生数学建模的思想、数形结合的思维方式。 2. "玩转三角形"是通过探究证明三角形内角和的不同方法，使学生体验证明的必要性，养成对客观事物和结论追根究底的精神。通过添加辅助线，渗透划归思想、类比思想。在表述证明过程的环节里培养学生用规范符号语言表述证明过程的习惯和能力。 3. "'数字'说道"是理解平均数的意义，了解加权平均数在数据处理方面的影响，体会不同的数据处理方式对于结果的	1. "'方程'百计"是通过利用一元二次方程解决一系列的生活实际问题，让学生能够体会数学在生产生活中的应用广泛性，培养数学的逻辑推理思维和方程思想。 2. "弦图探秘"是通过探究勾股定理不同的证明方法，让学生体会到解决数学问题的方法多样性和思想多样性，提升分析问题的能力，发散学生的数学思维，激发学生的学习兴趣。在用勾股定理解决实际问题的过程中体会数形结合的重要思想，体会代数思想是解决几何问题的最重要的工具之一。 3. "'数字'学问"是通过利用统计方法的统计思想来统计学生的体重指数，培养学生处理较为复杂问题的能力，培养数学应用意识，体会统计在生活中应用的广泛，学会用数学的眼光

年级	上册	下册
	影响。让学生了解数据集中趋势的描述方式，体会刻画数据离散程度的意义。 4."美丽的对称"是通过学生收集并欣赏具有轴对称性质的剪纸，经历自己动手剪双喜的过程，体验轴对称在现实生活中的广泛应用和丰富的文化价值，培养学生的动手操作能力，发展学生的空间观念。在动手操作、主动思考和合作交流等"做数学"的过程中，让学生亲身体验到数学发现的过程，培养合作精神。	看待体重问题，培养学生正确的审美观。 4."图案镶嵌"是通过探究正多边形能够进行平面镶嵌的条件，加深学生对多边形性质的理解与应用，培养学生分析问题、解决问题的能力。通过学生自己设计一个多边形的镶嵌图案活动，培养学生的创新精神与几何美感，体会数学在实际生活中的应用，在沟通、交流、合作中培养学生的团结意识与交流能力。
九年级	1."销售中的数学"是通过展示销售中的利润最大化问题，帮助学生分析和表示实际问题中变量之间的二次函数关系，并运用二次函数的知识求出实际问题的最大值或最小值，提高解决问题的能力。在经历和体验数学知识的过程中，提升思维品质，在勇于创新过程中实现自我发展。 2."数学中的'黄金'"是学生在学习了课本已有的黄金分割的知识的基础上进行的拓展，黄金分割不仅仅是线段比例的要求，也是数学文化价值的体现，黄金分割在建筑学和艺术等学科有非常大的作用。学生在学习过程中体会数学不是孤立的，而是可以延伸到生活的方方面面中去。 3."认识概率"是通过简单的古典概率的游戏让学生在活动中调动学生已有的知识经验与学习兴趣，初步理解概率的意义，会列出简单随机事件中的所有可能的结果。通过实验、游戏等活动，感受随机现象结果发生的可能性是有大小的，在数据统计的过程中实现对理性思维的培养。 4."测量与误差"是通过实地的测量和实际的操作测量旗杆的高度，使学生能够综合运用三角形相似的判断条件和性质解决实际问题，加深学生对相似三角形的理解和认识。在活动过程中进一步积累数学活动的经验和成功的体验，增强学生学习数学的信心和兴趣。	1."'运算'集结号"是旨在发展学生的数学运算能力，运算能力是数学核心素养之一，是数学活动的基本形式，也是演绎推理的一种形式，是得到数学结果的重要基础。在数学运算核心素养的形成过程中，能够有效地促进数学思维发展，形成严谨求实的科学精神。 2."图形变换"是通过对称、旋转、平移等变化设计出美丽的图案，学生可以通过为学校设计校徽或黑板的一组花边，在动手操作、动脑思考的过程中收获成就感与美感，增强对图形的认识，发展数学抽象的能力。 3."说说公平"是为了培养学生数据分析能力而设计的课程，概率是与生活实际联系紧密的知识点。随机事件在当今社会中有着广泛的应用，随机思想是自然辩证法的重要思想，理解随机思想有助于培养学生用一分为二、对立统一的辩证唯物主义观点分析问题和认识世界。 4."足球与数学"是带领孩子将几何知识运用到足球这一项运动中，探究如何提高运动员的进球、出球成功率。学生通过把数学知识应用到实际生活中去，培养学生对数学的兴趣和喜爱。

搭建知识与智慧的桥梁

一、"灵智数学"课程结构

《义务教育数学课程标准（2011 年版）》将七至九年级课程内容设置为"数与代数""图形与几何""统计与概率""综合与实践"。因此我们在课程设置时根据年段课程目标，遵循中学生的年龄发展的特点，将"灵智数学"课程分为"灵智运算""灵智创想""灵智统计"和"灵智体验"四大模块，旨在从四个维度搭建智慧与灵动思维的桥梁。我校制定了课程结构如下（见图 7-1）。

图 7-1 中各模板课程具体表述如下：

（一）灵智运算

内容为"数与代数"的课程，"数与代数"是研究数量关系与变化规律的重要工具。我们开设的"灵智运算"课程，强调通过解决现实问题使学生体验、感受和理解"数与代数"的意义，通过计算与思考，培养学生的数感与符号感，发展学生的运算能力，激发学生学习数学的兴趣。

（二）灵智创想

内容为"图形与几何"的课程，主要培养学生的空间观念与推理能力。数学十大核心素养中提到"几何直观"，简单来说就是观察图形，所以我们开设的"灵智创想"课程通过设置直观清晰的几何情境，让学生更好地认识和描述我们生存的现实空间，运用几何语言和知识进行交流，分析并解决现实世界中的问题。

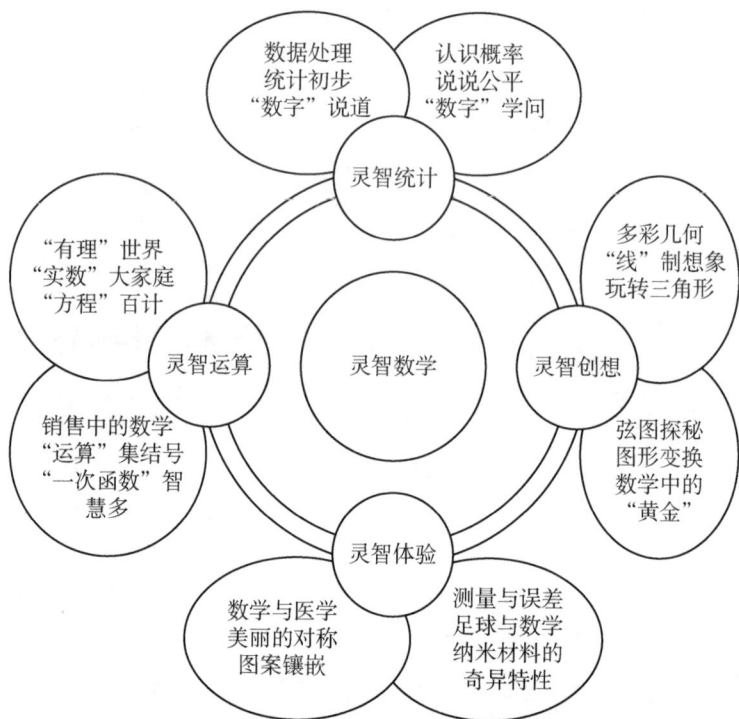

图 7-1 "灵智数学"课程结构图

（三）灵智统计

内容为"统计与概率"的课程，统计的相关知识在生活、自然、社会、科学中有着非常多的应用，为了更好地让孩子感受到"统计与概率"对制定决策的重要参考作用，我们开设了"灵智统计"的相关课程。通过创设具体的贴近孩子生活的情境，引导学生通过交流合作、主动探究、独立思考的方式获得成功的快感。

（四）灵智体验

内容为"综合与实践"的课程，数学来源于生活并且要应用于生活。为了更好地培养孩子应用数学的能力，我们开设了"灵智体验"的相关课程。通过创设生活情境引导学生从实际问题中抽象出数学问题，通过解决问题获得知识经验。在这发现问题、解决问题的过程中增强学生的探究意识和创新意识。

二、"灵智数学"课程年级设置

根据"灵智数学"课程的整体架构，以及不同年级学生的年龄特点，我校将课程设置如下（见表7-2）。

表7-2 "灵智数学"年级课程表

实施年级	灵智运算（数与代数）	灵智创想（图形与几何）	灵智统计（统计与概率）	灵智体验（综合与实践）
七年级上学期	"有理"世界	多彩几何	数据处理	数学与医学
七年级下学期	"实数"大家庭	"线"制想象	统计初步	纳米材料的奇异特性
八年级上学期	"一次函数"智慧多	玩转三角形	"数字"说道	美丽的对称
八年级下学期	"方程"百计	弦图探秘	"数字"学问	图案镶嵌
九年级上学期	销售中的数学	数学中的"黄金"	认识概率	测量与误差
九年级下学期	"运算"集结号	图形变换	说说公平	足球与数学

领略灵与智的碰撞之美

"灵智数学"依据《义务教育数学课程标准（2011 年版）》第四部分实施建议的要求："教学活动是师生积极参与、交往互助、共同发展的过程。数学教学中，教师应根据具体的教学内容，注意使学生在获得间接经验的同时也能够有机会获得直接经验；要利用各种教学资源，为学生提供丰富多彩的学习素材；合理运用现代化信息技术，有效地使用计算机和有关软件，提高教学效益。"[①] 我校以学科核心素养为标尺，构建"灵智课堂"，进行"灵智学习"，举办"灵智数学节"，开展"灵智社团"，打造"灵智微课"，从而达到提升学生数学素养的培养目标。

一、打造"灵智课堂"，提升数学思维水平

一节能够使孩子沉浸在探究数学奥秘的数学课堂，是"灵智课堂"所追求的课堂。"灵"代表"灵动"的教学方式、"灵动"的学习方法，以及"灵动"的思维；"智"代表智慧与能力。因此，"灵智课堂"是希望通过教师创设"灵动"的教学课堂，采用"灵动"的教学方式，逐步让学生掌握"灵动"的学习方法，从而达到让学生获得"灵动"的数学思维，积累数学经验，增长数学智慧，发展数学学习能力的教学目的。

[①] 中华人民共和国教育部. 义务教育数学课程标准（2011 版）［S］. 北京：北京师范大学出版社，2012：42.

（一）"灵智课堂"的实践操作

1. 精心设计课堂内容。由于知识与生活的联系更有利于学生的体验与理解，因此教学内容和情境的选择要贴近学生的生活实际，尊重学生已有的知识经验，所以在设计教学内容时要考虑知识的前后联系，帮助学生构建知识框架。

2. 设计高效的教学方法。课堂所选择的内容要体现"灵"与"智"的碰撞，因此需要教师选用恰当的教学方法，设计高效有趣的数学活动，例如可以通过创设启发性的问题情境、精选例题、设计变式等方式循序渐进，引导学生进行自主探索，合作交流，发挥学生的探索积极性与探索欲望。给学生足够的思考时间与空间，让学生获得学习数学的乐趣与信心。

3. 合理使用多媒体辅助。《运用多媒体辅助教学 优化数学教学》一文中指出："数学学科就其他学科而言，其概括性、逻辑性等都相对较强，倘若我们可以合理、有效地利用多媒体技术辅助数学课堂教学，通过图片、声音以及动画等多种更直观的表达方式，实现文本内容更好地展现，便能够促进课程教学内容的优化，提升课堂教学的有效性。"[1] 因此教师在选择教学方法时，可以根据课堂内容合理、灵活地运用多媒体，提高教学效率。

（二）"灵智课堂"的评价标准

"灵智课堂"是学生在老师的引领下获得知识、技能、情感和价值观的课堂，在这样的课堂中对学生的评价不能简单地用分数去衡量，而是用全面发展的眼光评价学生在课堂上的表现。"灵智课堂"培养的是适应未来社会全面发展的新时代接班人。

1. 基础知识和基本技能的评价。对学生数学基础知识和基本技能的结果进行评价时，首先要精准把握《义务教育数学课程标准（2011年版）》中"了解、理解、掌握、应用"的基本含义，其次在对学生学习过程进行评价时，要依据不同层次的要求，采用灵活多样的方法进行评价，同时注意评价语言多以激励性的语言为主。

2. 情感态度的评价。"灵智数学"在情感态度评价方面主要放在平时教学过程中进行，不能片面地进行评价，要注重考查和记录学生在各个不同方

---

① 刘健华，徐文锋. 运用多媒体辅助教学 优化数学教学 [J]. 中华少年，2018（3）：165.

面的表现，及时了解学生情感态度的状况与变化。比如参与学习活动时的态度、对数学的兴趣与自信心、面对困难迎难而上的勇气、与他人合作等方面。

3. 数学思维的评价。教师可以通过学习小结对学生思维的条理性和创造性进行评价，其中包括学生是否能够比较有条理地表达出自己的意见、能否清楚解决问题，以及是否具有创造性思维，能否尝试用不同的方法解决同一个问题。我校制定了课堂学习评价表如下（见表7-3）。

表7-3 "灵智课堂"学习评价表

学校：_____ 班级：_____ 姓名：_____

项目		A级	B级	C级	个人评价	同学评价	教师评价
基础知识与基本技能	1	达标	基本达标	不达标			
	2	达标	基本达标	不达标			
	3	达标	基本达标	不达标			
	4	达标	基本达标	不达标			
情感态度	认真	能够做到：提前预习，听课专心认真，课后作业保质保量完成	基本做到：提前预习，听课专心认真，课后作业保质保量完成	很难做到：提前预习，听课专心认真，课后作业保质保量完成			
	积极	能够做到：自主学习，积极讨论，善于提问和思考问题	基本做到：自主学习，积极讨论，善于提问和思考问题	很难做到：自主学习，积极讨论，善于提问和思考问题			
	自信	能够做到：提出自己独特的观点，并乐于和同学、老师分享	基本做到：提出自己独特的观点，并乐于和同学、老师分享	很难做到：提出自己独特的观点，并乐于和同学、老师分享			
	合作	能够做到：善于和同学、老师研究讨论，解决疑难问题	基本做到：善于和同学、老师研究讨论，解决疑难问题	很难做到：善于和同学、老师研究讨论，解决疑难问题			
数学思维	思维的条理性	能够做到：行事有计划，阐述问题简洁明了，解决问题思路清晰、有条理	基本做到：行事有计划，阐述问题简洁明了，解决问题思路清晰、有条理	很难做到：行事有计划，阐述问题简洁明了，解决问题思路清晰、有条理			

项目		A级	B级	C级	个人评价	同学评价	教师评价
	思维的创造性	能够做到： 独立思考，尝试从不同角度思考问题，对问题有独特见解	基本做到： 独立思考，尝试从不同角度思考问题，对问题有独特见解	很难做到： 独立思考，尝试从不同角度思考问题，对问题有独特见解			

二、倡导"灵智学习"，培养良好的学习习惯

教育的目标不能局限于当下，更要放眼于未来，培养学生良好的学习习惯，为学生的"终身教育"奠定基础，为学生未来的发展奠基。"灵智学习"是希望学生在教师智慧灵动的课堂引导下，掌握和组建自己的学习方法，因此，在课堂上教师要充分发挥学生的主观能动性，给学生学习的时间和空间，在学生不断"试误"的过程中，帮助他们修正不良的学习习惯，让学生能够进行主动、灵活、创新和高效的学习。

（一）"灵智学习"的基本要求

1. 充分发挥学生的主观能动性。"灵智学习"要求学生在积极参与学习活动的过程中不断得到发展。学生可以通过接受学习的方式，或者通过自主探索等方式获得知识，无论是哪种方式，学生必须建立在自己思考的基础上，因此学生在获得知识技能的过程中，只有亲身参与教师精心设计的教学活动，才能在数学思考、问题解决和情感态度方面得到发展。

2. 调动学生学习的积极性。教学过程中需要学生形式多样、积极主动地探求学习方法，寻找有效地解决问题的途径，充分发挥合作学习的意识，积极与同伴互助，总结学习方法与同学进行交流。随着多媒体技术进入教学内容，改变了传统的学习方法，使学习内容的密度和广度得到了加强，在课堂上老师充分运用多媒体课件，把抽象的内容具体化、静止的关系动态化，直观地演示事物的变化和知识的形成过程，帮助学生克服认知障碍，从而达到其他教学效果难以达到的效果。课下学生积极利用网络资源进行探究交流学习，让学习更高效。

（二）"灵智学习"的评价要求

"灵智学习"的评价主要包括"课堂学习"的评价、"课下作业"和"拓

展学习"的评价。通过"自评""互评""家长评"和"师评"四个方面对学生进行多元化评价，让评价能够全面反映学生的学习状况、态度和情感，从而使学生养成良好的学习习惯，促进学生的发展。我校制定了课堂学习综合评价表如下（见表7-4）：

表7-4 "灵智学习"综合评价表

"灵智学习"综合评价表									
评价项目		评价内容	评价标准			评价方式				备注
			优秀	合格	不合格	自评	互评	家长评	师评	
课堂学习	态度	1. 学习目标明确，重视学习过程的反思。 2. 重视自主探索、自主学习、拓展视野。 3. 有浓厚的学习兴趣。课堂参与度高，与同学互助合作。								
	习惯	1. 学生个体的自主学习能力强，积极倾听、思考、表达和质疑。 2. 认真参加数学活动，积极思考，善于发现问题，勇于解决问题，勇于接纳任务、承担责任。 3. 乐于助人，积极帮助学习有困难的学生。								
	效果	1. 对课堂学习的知识能够很好地掌握，思维得到提升。 2. 有良好的学习体验，体验到获得知识的快乐。								
课下作业		1. 认真独立完成老师布置的作业，正确率高。 2. 善于思考，善于总结与创新，能够提出自己的见解，对问题进行再探究。								
拓展学习		1. 能够完成老师提供的选做题。 2. 积极尝试寻找数学与生活的联系、与其他学科的联系。 3. 善于观察、分析数学事实，提出有意义的数学问题，猜测、探求适当的数学结论与规律，撰写数学小论文。 4. 积极参加社会实践活动，成为数学知识的运用者与传播者。								

"灵智学习"综合评价表									
评价项目	评价内容			评价标准			评价方式		备注
				优秀	合格	不合格	自评	互评	家长评	师评
综合评价	小组评价等级	任课教师评价		教师寄语					

三、设立"灵智数学节"，激发数学学习兴趣

《义务教育数学课程标准（2011 年版）》中明确指出：除了接受学习之外，动手实践、自主探索与合作交流同样是数学学习的方式。领会数学学科的价值，提高学生学习数学的兴趣，增强学生学好数学学科的信心，养成良好的学习习惯，使学生在学习过程中能够培养初步的创新意识以及实事求是的科学态度。

（一）"灵智数学节"的实践操作

"灵智数学节"的主题："亲近数学""展示数学"和"快乐数学"。学校为了能够激发学生学习数学的兴趣，提升一部分学生的数学学习素养，设置了多种与数学相关的"数学节"活动，让学生充分感受数学学科的魅力。活动形式如下：

1. "数学智力大冲浪"。学生在规定的时间内完成并抢答数学问题，其中包括数学基础知识、数学文化知识、数学知识应用等内容，从浅入深，由易到难，层层筛选，不断通往下一关。

2. 数学手抄报制作展示。根据《义务教育数学课程标准（2011 年版）》对每个学期的数学学习要求，从数学文化介绍、数学知识梳理、数学方法总结等方面入手制作手抄报，提高学生自主学习能力和归纳总结数学知识的能力。

3. 数学趣味实践活动。例如："妙在动一根"（如何动一根木棒得到等

式）、"多摆三角形"（如何用最少的木棒得到多个三角形）、"走迷宫"（如何顺利地走出迷宫）等，通过开展和布置数学趣味活动，激发学生学习数学的热情。

（二）"灵智数学节"的评价要求

"灵智数学节"的评价主要包括目标内容、活动过程、活动效果的评价。我校制定了"灵智数学节"评价标准如下（见表7-5）。

表7-5　"灵智数学节"的评价标准表

项目	内容	标准	等级		
			达到	基本达到	未达到
过程	组织形式	走出课堂，联系生活			
		活动形式多样化			
	学生活动	能够激发学生探究式学习			
		能够积极参加活动，能够充分发挥学生的主体性			
	教师活动	能够体现教师在活动中的"组织、引导"作用			
		教学方法得当			
		教师能够以平等、尊重的态度启发学生共同探索			
	活动设置	活动目标明确			
		活动设置合理			
		活动拓展延伸			
		活动环节之间环环相扣			
效果	学生的体验	自主思考、设计、操作和解决问题，有真实体验，陶冶情操、愉悦身心			
		活动中采用多元评价			
	学生的参与	学生能够通过参加艺术节获得实践操作			
		以"活动促发展"，学习能力得到提高			
	知识面和学习方法	学生的知识面得到拓宽			
		学习方多样，学会学习			
		激发创新精神和意识			

四、建立"灵智社团"，享受数学学习快乐

数学学科是基础的学科，在日常生活中，我们每时每刻都在跟数学打交道。《义务教育数学课程标准（2011 年版）》中明确指出："人人都能获得良好的数学教育，不同的人在数学上得到不同的发展①。"因此，我们开展"灵智社团"活动的目的是：促进学生数学思维能力的发展，唤醒学生对数学的兴趣。

（一）"灵智社团"的实施

"灵智社团"的课堂中主要围绕着"趣"字，把数学学科的知识融合于社团活动中，让学生在追求正确答案的过程中能够提高自己的观察能力、分析能力和逻辑推理能力。根据学生自身的兴趣开展活动，充分尊重学生的主体地位和主体人格，在活动开展过程中，培养学生自主性、主动性，在培养学生数学思维的过程中，希望学生可以学会学习数学，学会创造生活。

1. 广泛调研，确定学生喜欢的活动。社团想要开展各种社团活动，提高学生学习数学的兴趣，比如动手操作的能力、实际测量的能力……让学生真正体会我们的数学知识来源于我们的生活。因此，在不断调研的过程中，征求学生以及家长的意见。

2. 整理调研结果。"灵智社团"开展的时间和地点直接影响活动开展的效果，要对不同的调研结果进行分类，选择合适的社团活动内容，最大限度地满足学生的需求。

3. 精心准备活动。由于我们"灵智社团"不仅有课本理论学习，而且还提供给学生实践的机会，同时提供给学生更多的动手机会，使学生能够切实地认识到数学学科的学习不仅是"算题"，更是感知"数学源于生活"，因此，在每次活动前，老师都要精心准备每个环节。

4. 不断总结。每次活动之后，师生要及时反馈、及时交流、及时记录活动的优缺点，完成《"灵智社团"评价表》（见表 7-6），为下次活动打下良好的基础。

（二）"灵智社团"的评价

注重过程性评价和终结性评价的结合。在平时，记录每一位社员参与活

---

① 中华人民共和国教育部. 义务教育数学课标（2011 版）［S］. 北京：北京师范大学出版社，2012：2.

动的次数，根据学生平时动手能力、热爱探究程度等表现，以星级个数进行评价（优秀：4颗星；良好：3颗星；合格：2颗星；需努力：1颗星），评选"优秀社员"。此外，学校还可以通过建立平台，组织学生在平台上展示自己的探究作品，通过网络投票等方式评选出优秀奖，并给予一定的表彰和奖励。我校制定了"数学社团"的评价表如下（见表7-6）。

表7-6 "灵智社团"的评价表

		小组成员			
教师评价	个人回答				
	板演习题				
	操作学具				
	小组汇报				
组内评价	用心聆听				
	积极发言				
	认真思考				
	善于合作				
自我评价	用心聆听				
	积极发言				
	认真思考				
	善于合作				

五、打造"灵智微课"，优化学习方式

数学微课作为传统的课堂的延伸，不仅可以更好地凸显课堂教学中的常见知识点、难点、易混点等内容，而且师生还可以利用更多的零碎时间在线观摩课堂课例，随时随地实现时间碎片化管理，实现对数学的"灵智学习"。

（一）"灵智微课"的实施：

1. 主题突出，内容具体。微课内容既要精炼简洁、思路清晰，同时也要重点突出，一个课程一个主题，研究的问题是来源于数学学习过程或者生活实际中遇到的具体数学问题，要求课程内容微小、用时短、结构完整、传播

形式多样。

2.不拘一格，趣味创作。"灵智微课"的开发者不一定是专门的教师，每个学生和教师都可以成为课程的开发者。正因为课程的使用对象是教师和学生，开发目的是为了将教学内容、教学方法、教学手段和教学目标更好地体现出来，所以要求开发的内容一定是教师和学生自己了解的、熟知的、大家感兴趣的、有能力解决的具有开放性和趣味性的问题。

3.师生共创，灵智微课。新课程改革理念倡导大家：教师是学生学习的引导者。在"灵智数学"微课的实施中，不仅可以老师创作微课，也可以放手让学生自己主动地担任微课主题的创作，让学生来融入创作中。集广大学生的灵动智慧，加上老师的从旁指导，定会创生出更多灵智的数学微课。

（二）"灵智微课"的评价

以课程为中心，以目标为依据，通过全面的计算机辅助教学功能，包括讨论、查资料、评价等互动教学活动，促进师生之间、生生之间进行资源共享、问题交流和协作学习，增强教学吸引力。以发展性评价和激励性评价为理念，建立多元化学习评价体系，采用线上和线下互通、过程性评价与终结性评价相结合的多元化考核评价模式，激发学生学习的积极性和主动性，充分体现数学学习的灵动与智慧。我校制定了"灵智微课"评价表如下（见表7-7）。

表7-7 "灵智微课"评价表

评价目标	目标描述	评价结果		
		☆☆☆	☆☆	☆
选题简明	主要针对知识点、例题、综合实践等环节进行分析、推理、讲授、答疑等教学。尽量微而精、具体。			
设计合理	确定适合学生特点与课程特点的教学目标，目标明确、具体、切实可行，符合学生实际。			
教学内容	教学内容选择适宜，符合学生实际需求，并与教学目标一致。教学内容的组织和编排要符合认知逻辑规律，内容要生动有趣，贴近学生的生活，能被学生所理解和把握，有利于学习目标的达成。			

综上所述，"灵智数学"课程从课程理念、课程设置、课程内容、课程实

施四个方面让教师创造"灵动"的教学课堂，采用灵活的教学方式，逐步让学生掌握适当的数学学习方法，从而达到让学生获得"灵动"数学思维、积累数学经验、增长数学智慧、发展数学学习能力的教学目的。

（撰稿人：唐丹丹　黄勤　刘郡容　王影　盛宁宇　胡浩　饶宇）

第八章

智慧相伴
夯实思维

人们称数学是智力的磨刀石，但是因为数学思维是潜在的，隐含在现成的结论之中，所以要求广大数学教师在审读教材和对学生进行知识传授时，不能只停留在对结论的表述上，而要深入思考，挖掘和揭示结论形成的思维过程，并在数学教学中将学生的思维引领到知识发现和再发现的过程中去，从而培养学生的思维及推理能力。

核心素养与课程改革有着深度的关联，是课程改革进入"深水区"的必经之路。核心素养对于课程改革具有统领的作用，贯穿学校课程、教学等方面，旨在促进学生能力提升和思维发展。合肥市小庙中学数学学科课程建设方案提出了"智慧数学"的学科课程理念，引导学生"知其然"，达到外增"才智"；"知其所以然"，达到内生"智慧"。

数学学习要学会从具体情境中抽象出对象的有关特征，根据对象的特征，再从具体情境中辨认或表明对象，以培养学生善于观察、归纳数学规律，并用精准、简洁的语言描述所发现；学习数学时要能描述对象的特征和由来，阐述对象与相关对象之间的区别与联系。教师在教学过程中要培养学生养成对不同的事物和方法善于对照、比较和总结的习惯。

学习贵在发散思维，举一反三，融会贯通。数学学习要在理解的基础上，揭示知识之间的内在联系，善于把对象用于各种新的情境，培养和发展数学核心素养。课堂教学是实践教学理念、提升学生能力、发展学科素养的主阵地。学校、教师通过拓展知识深度、完善课程体系、优化教学途径，促进学生举一反三；通过一题多解、多题一解、变式引申，促进学生发散思维，内生其智慧，从而发展数学核心素养。

智慧数学：让学生数学思维内生"智慧"

合肥市小庙中学高中数学教研组有高一、高二、高三年级 3 个备课组，共有 8 名数学教师，其中区级骨干教师 1 人，中学一级教师 4 人，高级教师 2 人。老师们年富力强，能力突出。近年来，老师们在各级各类比赛中屡获佳绩，数学组也荣获"蜀山区先进教研组"称号。成绩的取得体现着数学组强大的实力，也为我校数学课程开发提供了有利的保障。高中数学组全体教师深刻领悟新课程理念，深化课堂改革，研究教材教法，不断实践。为了提升学校高中数学课程品质，提高学校高中数学教学质量，落实国家"立德树人"的教育目标，依据中共中央办公厅、国务院办公厅颁发的《关于深化教育体制机制改革的意见》《关于新时代推进普通高中育人方式改革的指导意见》、教育部颁发的《关于全面深化课程改革落实立德树人根本任务的意见》（教基二 ［2014］ 4号）、《普通高中数学课程标准（2017年版）》等文件精神，结合学校实际，制定学校数学学科课程群方案，着力推进课程建设，取得显著成效。

打造内生智慧的数学思维之船

一、学科性质

教育部颁发的《普通高中数学课程标准（2017 年版）》指出："数学是研究数量关系和空间形式的一门科学。数学源于对现实世界的抽象，通过符号运算、形式推理、模型构建等，理解和表达现实世界中事物的本质、关系和规律。数学与人类生活和社会发展紧密联系。数学不仅是运算和推理的工具，还是表达和交流的语言。数学承载着思想和文化，是人类文明的重要组成部分。数学是自然科学的重要基础，并且在社会科学中发挥越来越重大的作用，数学的应用已渗透到现代社会及人们日常生活的各个方面。随着现代科学技术特别是计算机科学、人工智能的迅猛发展，人们获取数据和处理数据的能力都得到极大的提升，伴随着大数据时代的到来，人们常常需要对网络、文本、声音和图像等反映的信息进行数字化处理，这使数学的研究领域与应用领域得到极大拓展。数学直接为社会创造价值，推动社会生产力的发展。"[1]"数学在形成人的理性思维、科学精神和促进个人智力发展的过程中发挥着不可替代的作用。数学素养是现代社会每一个人应该具备的基本素养。"[2]

高中数学课程是义务教育阶段后普通高中的主要课程，是初中数学课程的延伸和发展，更是高等学校数学课程的基础。"高中数学课程以学生发展为

---

[1][2] 中华人民共和国教育部. 普通高中数学课程标准（2017 年版）[S]. 北京：人民教育出版社，2018：2.

本，落实立德树人根本任务，培育科学精神和创新意识，提升数学学科核心素养。"①普通高中数学课程有着自身的育人价值和育人目标，高中数学教育要真正落实"立德树人"，关键还是提升学生高中数学学科核心素养。我们认为数学课程的学习，不仅是学习基础知识掌握基本技能，更要在学习过程中锻炼思维，养成能力，发展核心素养，培养出具有严密的思维能力和具有创造精神的新人，为学生的可持续发展和终身学习创造条件。

二、学科课程理念

《普通高中数学课程标准（2017 年版）》指出："数学教育承载着落实立德树人根本任务、发展素质教育的功能。数学教育帮助学生掌握现代生活和进一步学习所必需的数学知识、技能、思想和方法；提升学生的数学素养，引导学生用数学的眼光观察世界，会用数学思维思考世界，会用数学语言表达世界；促进学生思维能力、实践能力和创新意识的发展，探寻事物变化规律，增强社会责任感；在学生形成正确人生观、价值观、世界观等方面发挥独特作用。"②遵循《普通高中数学课程标准（2017 年版）》的要求，我校高中数学组结合我校实际，确定了"智慧数学"的学科课程理念。

《论语·宪问》："君子道者三，我无能焉：仁者不忧，知（智）者不惑，勇者不惧。"《汉书·董仲舒传》："夫仁、谊（义）、礼、知（智）、信五常之道"。这表明"智"在中国传统道德中居于重要地位，它是儒家和中华民族传统美德的核心内容之一。古代，"知"与"智"通用，意思是：认识、知道、辨别、聪明、见识、知识等。

慧，本意是聪明、有才智。明白一切事相叫作"智"，了解一切事理叫作"慧"。

"慧"包括"智（知）"的范畴，是知识的升华；"智（知）"不能涵盖"慧"的内容。"慧"的获得重在悟，但离不开"智（知）"。

我们认为，"知其然"可以增长"才智"，"知其所以然"，则可以内生"智慧"！数学是思维的体操，数学的学习也贵在"知其然，而后知其所以

①② 中华人民共和国教育部. 普通高中数学课程标准（2017 年版）［M］. 北京：人民教育出版社, 2018：2.

然"。具体而言：

"智"——智知、智会

智知——数学来源于生活。数学学习要从具体学习实例中知道或说明认知对象的某些特征，根据认知对象的相关特征，从具体的实际情境中辨别或解释认知对象。

智会——数学的学习强调思辨性。学习数学时要能描述对象的特征和由来，阐述对象与相关对象之间的区别与联系。

"慧"——慧能、慧创

慧能——学习贵在发散思维/联想，举一反三，融会贯通。数学的学习要在理解的基础上，善于把对象用于新的情境，培养和发展数学核心素养。

慧创——数学的学习要注重发散思维，一题多解，多题一解，综合使用已掌握的对象，选择或创造适当的方法解决问题，从而发展数学核心素养，为社会的发展培养更多的创新型人才。

"智慧数学"让学生在数学学习过程中多经历、多体验、多了解、多认识、多合作、多交流、多探索、多尝试实验，体会数学的价值，体现自我价值，发展数学核心素养，从而外增"才智"，内生"智慧"。

总之，我们希望每一位学生通过"智慧数学"课程的学习，提高学习数学的兴趣，增强学习数学的信心，养成学习数学的良好习惯，善于用数学思维去思考问题，用数学方法去解决问题，最终爱上数学学习，创造内生"智慧"的思维之船，用数学思维驱动智慧之船顺利前行。

营建内生智慧的数学思维港湾

　　《普通高中数学课程标准（2017 年版）》中指出："通过高中数学课程的学习，学生能获得进一步学习以及未来发展所必需的数学基础知识、基本技能、基本思想、基本活动经验（简称"四基"）；提高从数学角度发现和提出问题的能力、分析和解决问题的能力（简称"四能"）。在学习数学和应用数学的过程中，学生能发展数学抽象、逻辑推理、数学建模、直观想象、数学运算、数据分析等数学学科核心素养。通过高中数学课程的学习，学生能提高学习数学的兴趣，增强学好数学的自信心，养成良好的数学学习习惯，发展自主学习的能力；树立敢于质疑、善于思考、严谨求实的科学精神；不断提高实践能力，提升创新意识；认识数学的科学价值、应用价值、文化价值和审美价值。"[1]

　　根据这些高中数学课程要求发展的数学素养，我校"智慧数学"从外增"才智"入手，逐层内生"智慧"，制定我校"智慧数学"课程目标。

一、学科课程总目标

　　通过"智慧数学"的实施，学生能从实例出发，获得发展所必需的数学基础知识；体会数学和生活的必然联系；善用数学的思维和方法去观察发现问题、思考解决问题；培养提升探究创新的意识与能力；提高数学学习的兴

---

① 中华人民共和国教育部. 普通高中数学课程标准（2017 年版）[S]. 北京：人民教育出版社，2018：2.

趣，增强学习数学的信心，感受数学的价值。

（一）"智慧数学"：掌握数学基本知识方法，提高学习兴趣，树立学习信心

结合生活中的数学情景、活动或问题，抽象出数学概念，理解数学方法，体会数学思想；经历从实物中抽象出图形的过程，了解几何图形特征，掌握初步的识图、画图的技能；经历实际问题中收集、整理、分析数据的过程，掌握数据处理方法。

（二）"智慧数学"：学会用数学思维思考问题，养成良好习惯，培养思维能力

结合生活实际，在经历探究的活动中，建立数感、符号意识、空间观念和数据分析观念；能有条理地思考，比较清楚地表达自己的思考过程与结果；发展合情推理和演绎推理能力，体会数学的基本思想和思维方式；激发学生的想象与创新，培养科学的思维能力。

（三）"智慧数学"：学会用数学方法解决问题，提高实践能力，发展应用意识

经历多种形式数学学习，培养"智慧"学习数学的能力；初步学会从数学角度发现问题、提出问题、探索问题；在解决实际问题的过程中，获取用数学分析和解决问题的一些基本方法，积累自主探索、合作探究的学习经验，提高数学学习能力；初步探索评价与反思的方法，形成评价与反思的意识。

二、学科课程年级目标

"智慧数学"课程目标，为各年级的课程确定了实施的方向，进一步细化课程目标。我校数学组依托人民教育出版社 A 版必修教材和部分选修教材，整体把握不同年级、不同目标维度之间的内在关联，确定了"智慧数学"分年级的课程目标（见表 8-1）。

表 8-1　"智慧数学"年级课程目标表

年级	课 程 目 标
高一年级	以"智识数学"为主题，以"集合与常用逻辑""函数与不等式""平面几何与向量""三角函数""空间几何""统计与概率"等必修模块为主要内容。初识集合论、基本初等函数、平面向量、不等式、立体几何、统计与概率，学会构建函数模型、向量模型、不等式模型、统计与概率模型等数学模型，并解决简单的实际问题，感受数学的实践价值，提高数学学习兴趣，增强数学学习信心。
高二年级	以"智究数学"为主题，以"空间几何与向量""平面解析几何""数列""导数及其应用"等选择性必修模块为主要内容。在探究中，认识空间几何图形的特征；学会用向量和代数方法解决空间几何问题，能利用导数研究函数的基本性质。在成功体验中，培养数学逻辑思维，进一步理解数学的本质。
高三年级	以"慧通数学"为主题，以"随机变量与分布列""计数原理""数据统计与分析"等选择性必修模块为主要内容，掌握大数据处理方法，深度理解统计与概率的基本思想。以课标为准绳，以培养继续学习能力和应用能力为导向，结合必修和选择性必修模块，融会贯通高中数学知识、方法与思想，应用于其他学科或生活实践，促进数学学习，提高学生学习数学、应用数学的能力，发展数学核心素养，促进学生智慧内生。

　　总之，我校将秉承"智慧数学"的理念，围绕以上课程目标，发展学生的学科核心素养，培养具有优良品格的学生。

第三节

开凿内生智慧的数学思维航道

　　我校高中数学课程以国家课程为基础，关注学生的基础学科能力，旨在使学生掌握必备的基础知识和基本技能、数学基本思想和基本活动经验；以学校设置的各项数学课程为辅，开阔学生的视野，增加学生数学活动体验，拓展学生的数学学科能力，培养学生高中数学核心素养。

一、"智慧数学"课程结构图

　　基于促进国家课程有效实施的目的，并依据学校、教师和学生的发展需求，我校"智慧数学"课程按年级确定主题，并绘制学科课程结构图如下（见图8-1）。

（一）智识数学

　　基于高中数学必修和选择性必修两大课程，学校数学学科组以"函数""几何与代数""概率与统计""建模与探究"为主题，分年级开设与之相关的"智识数学"课程，目的是让学生通过课程学习，掌握相关数学的基本知识和内在联系，获得数学继续学习的基本技能、思想和相关经验，也为适应社会生活和进一步发展作准备。

（二）智究数学

　　《普通高中数学课程标准（2017年版）》明确指出："通过高中数学课程学习，提高学生从数学角度发现和提出问题的能力、分析和解决问题的

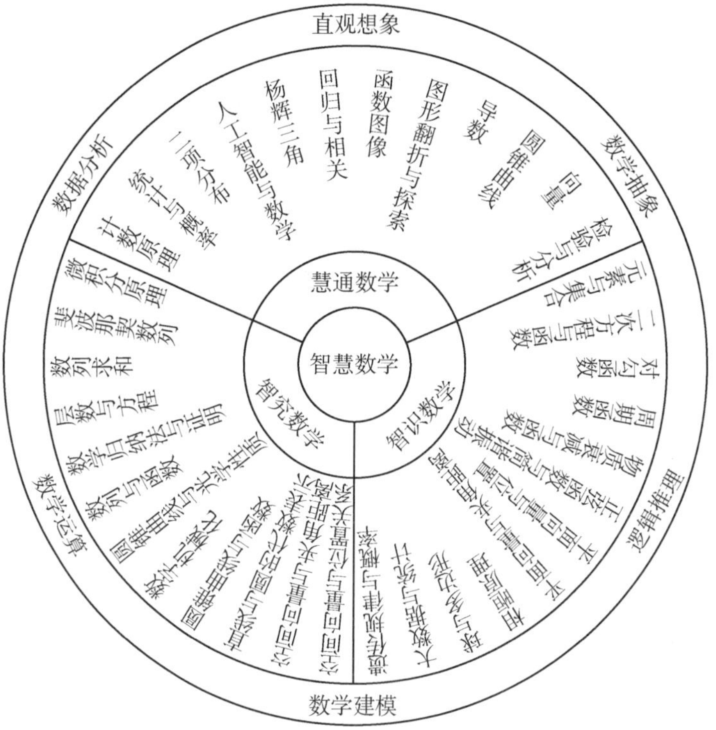

图 8-1 "智慧数学"学科课程结构图

能力。"[1]"智究数学"在高中数学各模块知识及其衔接处设置探究空间，着重培养学生数学思维品质和探究能力，让学生进一步理解数学的本质，发展学生学科核心素养。

（三）慧通数学

数学知识源于生活，又应用于生活。数学知识有其本身的外显特征和内隐逻辑，数学的价值更多体现在其工具性。"慧通数学"借助数学自身特点和数学与其他学科的联系，结合生活实际开发课程，着力给学生呈现数学的科学价值、应用价值、文化价值和审美价值，让学生"树立敢于质疑、善于思考、严谨求实的科学精神；不断提高实践能力，提升创新意识"[2]，为社会的发展培养更多的创新型人才。

①② 中华人民共和国教育部. 普通高中数学课程标准（2017 年版）[S]. 北京：人民教育出版社,2018:2.

二、各年级课程设置

按照《普通高中数学课程标准（2017 年版）》的要求，依据"智慧数学"课程的理念与目标，结合目前我校高中数学教学实际，我校将"智慧数学"具体课程设置如下（见表 8-2）。

表 8-2　"智慧数学"课程设置表

	高一年级		高二年级		高三年级	
	智识数学		智究数学		慧通数学	
上学期	元素与集合	平面向量与位置关系	空间向量与位置关系	数列与函数	计数原理	函数图像
下学期	二次方程与函数	平面向量与夹角距离	空间向量与夹角距离	数学归纳法与证明	统计与概率	图形翻折与探索
上学期	对勾函数	相嵌原理	直线与圆的代数表示	导数与方程	二项分布	导数
下学期	周期函数	球与多边形	圆锥曲线与函数	数列求和	回归与相关	向量
上学期	物质衰减与函数	大数据与统计	数学机械化	斐波那契数列	杨辉三角	圆锥曲线
下学期	正弦函数与简谐振动	遗传规律与概率	圆锥曲线的光学性质	微积分原理	人工智能与数学	检验与分析

畅游内生智慧的数学思维海洋

　　"智慧数学"课程设置为发展学生的高中数学核心素养提供了多样化的学习平台。为了保证"智慧数学"课程的有效实施和持续发展，我校课程组结合前期"智慧课堂"的教学、"智慧数学节"的举办、"智慧社团"的成立及活动开展、"智慧阅读"实践活动的组织等各方面经验，通过教师研讨、调研学生、资料整理等途径，开展多层次、多维度的数学课程，丰富学生数学学习方式，发散学生数学思维，拓展学生数学应用，让学生多视角认识和学习数学，外增"才智"，内生"智慧"，寻求课程实施的有效方法，并以科学、有效、立体的评价保证课程的顺利开展。

一、构建"智慧课堂"，彰显学校数学课堂的理念

　　"智慧课堂"的特征为：课堂中通过各种媒介和途径，调动学生积极参与探究实际问题，经历探究过程。在学习过程中，使学生对数学感兴趣，积极、主动地参与学习，理解、掌握知识，同时也锻炼学生合作学习的能力、探究能力，让学生体会数学的价值，体现自我的价值。

（一）"智慧课堂"的实践与操作

1. 做实充分的课前准备

　　（1）读透教材，成就"智慧课堂"的基本前提

　　读透教材，充分、正确理解教材编辑的意图，科学简练地厘清教材的编写思路与逻辑，准确地把握教材编写的特点，然后灵活处理教材，是提高课堂教学效率、成就"智慧课堂"的基本前提。正确理解教材编写意图才能使

课堂教学准确，不出错误；厘清教材编写思路才能使课堂教学气氛轻松活跃；准确把握教材编写特点才能使课堂教学亮点多多、鲜明出彩。

（2）读懂学生，成就"智慧课堂"的有效途径

课堂教学的有效程度，除了对教学内容精准研究之外，也有赖于对学生情况的了解，即"备学生"。因此，读懂学生，基于学生的认知水平，找到课堂教学起点，突出课堂教学重点，把握好课堂教学的空间，适当拓展课堂内容的深度与宽度，是成就高效"智慧课堂"的有效途径。关注知识生长点，找准课堂教学的起点；遴选课堂探究素材，突出课堂教学重点；把握课堂教学时、空间，分层教学，因材施教；精心"备学生"，有效提高课堂教学效率。

（3）读出自我，成就"智慧课堂"的重要举措

高效课堂教学需要备"教材"，备"学生"，还要备"自己"。一要备"如何教"，需要教师提高个人的文化储备，厘清教学思路，结合教师的个性特点、语言特色，精心设计课堂教学过程。其实质就是充分发挥特长，选择适合自己的教学方法进行教学，提高课堂教学的科学性与有效性。二要备"如何导"，即如何引导学生学，比如学情的预设、课堂生成的应变策略与处理、课堂气氛的调控技巧等。换言之，教师在备课时要充分考虑到学生可能会怎么学，自己又该如何引导学生学，从而使学生学会、学好，掌握和灵活运用所学解决相关问题，提高课堂教学的有效性。

2. 运用灵活的教学方式

重视方法，让课堂真实有效，是成就"智慧课堂"的关键。教法要适合学生学，关注学生的认知规律，以引导为主，变"死学"为"活学"。学法要有利学生理解数学知识、方法、思想，方便学生数学实验、应用、操作，让学生在数学实践活动中体验数学价值，在实践探究中获得数学真知。在教与学中要重视合作，通过师生合作、生生合作，让学生在交流中提升能力。

3. 关注学生的有效参与

为每个学生提供平等参与、有效参与的机会，使每一位学生都有表现自我和获得成功的机会。从参与活动的范围上，不是少部分人参与，而是人人都参与其中，全员参与；从参与活动的深度上，注重内在思维和复杂活动方式的深层次参与。

4. 达成全面的课程目标

以制定的课程目标为准绳，从关注学生的核心素养出发，以培养"全面发展的高中生"为核心，依托"智慧课堂"的深度实施，着力发展学生的直观想象、数学抽象、数学运算、逻辑推理、数学建模、数据分析六大数学核心素养。

（二）"智慧课堂"的评价标准

根据"智慧课堂"的实施内容和学生特点，我们从"教材与目标""教法实施""教学活动"等方面，制定了"智慧课堂"评价表（见表8-3）。

表8-3 "智慧课堂"评价表

评价要素		评价标准	评价		
			A	B	C
教学目标		1. 结合课标，制定准确的教学目标。			
		2. 制定的目标符合学生情况，适合学生发展。			
		3. 依据教学目标，选择合理的教学内容，重难点突出。			
		4. 能对教材进行整合或者创新，创造性地运用教材。			
教法实施		1. 教学方法多样有效，突破教学重难点。			
		2. 教学环节环环相扣，循序渐进。			
		3. 提出的问题精准，有探究的价值。			
		4. 注重师生互动、生生互动，给予学生自主学习的空间；通过小组合作、展示交流等形式，培养学生探究式的学习能力。			
教学活动	学习效果	1. 完成预期教学任务，大多数学生达到教学目标。			
		2. 不同层次的学生在原有水平上得到相应的提高。			
		3. 师生互动，生生互动，教学相长。			
		4. 学生通过融洽、愉悦的课堂活动，得到丰富的知识，形成一定的技能，体验到成功与快乐。			
	课堂评价	1. 教师、学生、小组多主体参与评价。			
		2. 采用多样的评价方式，对学生知识、技能、情感、态度、价值观等多方面进行指向性与激励性评价。			
	教师素养	1. 教师语言精准生动、严谨合理，有逻辑性，善于处理突发事件。			
		2. 能驾驭课堂教学，营造和谐的氛围，引导学生质疑释疑。			
		3. 板书工整、规范，布局合理。			
		4. 利用多媒体进行辅助教学，达到教学目标。			

二、举办"智慧数学节"，让"数学之花"缤纷馨香

3月14日是国际数学节，它是为纪念我国古代数学家祖冲之而设立的。为落实"智慧数学"课程目标，我校在每学年3月中旬至4月中旬间举办"智慧数学节"。"智慧数学节"面向我校全体师生，积极开展具有数学学科元素特征的综合实践活动，目的是将严谨的数学知识融入到有趣的各种形式的数学学习活动中，从而丰富了我校的校园数学文化，提高学生学习数学的热情和兴趣，营造出学习数学的浓郁氛围。

（一）"智慧数学节"的实施

为了有序、顺利地开展"智慧数学节"，我们将数学课堂教学与课外实践活动结合起来，以"'智慧数学'广角""智慧数学""微研究"评比与展示等一系列丰富多彩的数学课外实践活动为依托，让学生感受到"数学来源于生活，数学又应用于生活"，亲身感知学习数学的乐趣，从而爱上数学学习，浓郁校园数学学习的氛围。

1."智慧数学"广角

为了配合"智慧数学节"活动的顺利开展，我校通过"'智慧数学'广角"展示栏，按月份为期，分年级开辟"数学史话""数学前沿""数学与生活""数学与科学""数学趣园"等多个园地，激发学生的数学学习兴趣，让学生在身边就能了解到数学的发展历史，认识到中外数学家及他们对数学发展的贡献，了解近现代数学研究发展的方向等，进而明晰自己的数学学习目标和任务，并培养学习数学的毅力，树立学好数学的信心。

2."智慧数学""微研究"评选与展示

数学是一门基础学科，是其他学科研究的工具。为了让学生充分感受数学的工具性，体验到"数学来源于生活，数学又应用于生活"，我校数学组联合校教研处和全体数学老师，统筹合作，以一学年为周期，分年级以小组为单位，在学生中开展"微课题研究"，撰写"微论文"，并进行评优。

学生通过经历研究课题的确定，以及资料的搜集、调查、实验、分析等研究方法的选择、研究结果的书写等，学会用数学的眼光发现并提出问题，用所学到的数学知识和方法分析并解决问题，在"微课题研究"的过程中学会并提高自己的数学书面与口语表达能力，发展数学实践能力和创新能力，

培养和提高交流与合作的科学研究精神。

"智慧数学""微研究"的评价要"轻结果，重过程，重参与"，将教师评价和学生评价相结合，学生评价也可自评、互评；将定性和定量评价相结合，突出定性评价。自评占比20%，互评占比20%，师评占比60%。评价要多维度，可以从"课题研究的规范性""课题方向的科学性""课题研究的深度""课题研究的宽度""课题研究的协作性""课题研究的应用性"共六个角度出发。评价学生在研究过程中的参与程度、所获体验、取得的成果、学生的科学研究能力和创新精神的发展。根据综合评定分值，设置"优秀""良好""合格""不合格"四个等级。具体评价标准如下（见表8-4）。

表8-4 "智慧数学""微研究"评价标准表

评价指标		要求	分值	评价			
				自评	互评	师评	综合评价
过程性评价	课题方向的科学性	新颖、可行等	10				
	课题研究的规范性	规范、完整等	10				
	课题研究的深度	知识储备、问题延伸等	10				
	课题研究的宽度	学科、技术融合等	10				
	课题研究的协作性	学生、老师、家长等	10				
	课题研究的应用性	贴近学习、生活等	10				
结果性评价	研究成果	学具、小论文、图册等	20				
	现场答辩	清楚、流畅、有条理等	20				
合计			100				
等级							

（二）"智慧数学节"的评价

"智慧数学节"的评价以赛事性评价方式为主，辅以综合性评价。根据各项活动的具体内容和实施时间，以个人、班级和年级为组织单元，各评委可以由老师、学生、家长和学科教研员组成，按照各项活动的具体评分标准打分，评出分设的各单项奖和团体奖。

三、成立"智慧社团"，让"数学花园"姹紫嫣红

学生社团是现代学校建设的重要部分，随着课程内容地不断拓展，学生社团已经成为发展学生自主管理的新型课程。"智慧社团"以内生"智慧"为核心，让运用学生喜欢的活动形式、学习资源来探究数学知识、体会数学价值，在学校校园文化建设中起到了提升层次、构建载体、凝聚学生、群体示范的作用，从而形成学校的品牌项目。

（一）"智慧社团"的主要内容

我校根据学校特色、学校资源、学生身心发展规律开发了"智慧社团"，"智慧社团"建设以内生"智慧"为主导，与学校"智慧数学"课程模块相呼应，开设了"快乐阅读""巧手工社""智慧数独"等分社。每个分社亦有各自的特色项目，如："数学史话小讲座""计算机与数学""理财高手""妙趣手工""数学游戏"等。通过生动、有趣的活动形式，培养学生的乐趣、兴趣、情趣、探究数学问题的能力，为学生提供一个乐学、善思、学有所长、快乐成长的平台。通过这一平台激发学习兴趣，培养学生的审美情趣，从而让他们开阔眼界，拓展知识，开发思维，提高能力。

（二）"智慧社团"的实施

社团课程是彰显学校特色的核心因素，作为培养学生专业素养的第二课堂，以其更大的活动空间、更丰富的活动内容、更灵活的活动方式，深受学生的喜爱，社团规模也不断扩大、日益丰富，"智慧社团"已然成为学生发展个性特长、提升学生学科素养的一片"新天地"。

为满足学生兴趣发展需求，结合数学课程标准要求，"智慧社团"围绕数学核心素养，利用课余时间进行，根据学习内容，每周开设 1 至 2 节活动课。形式可以多种多样，如个别活动、小组活动或全班活动等。在社团活动初期，社团辅导老师以专题培训的形式向学生介绍学期社团活动的主题、形式及有关要求，如：如何写数学日记、如何写调查报告等，为学生后续学习奠定基础；在社团活动中期，按照社团课程方案设计，学生在教师指导下组织开展主题学习活动，如："数学史小讲座""智慧手工""多宝塔游戏"等专

题学习，或社会调查、资料收集、数据分析、观察记录等实践活动，了解数学在实际生活中的应用，从而发展解决问题的综合能力；在社团活动末期，对一学期的社团学习收获进行整理，以小组汇报的形式进行分享、交流、展示，为学生提供更好的相互学习的途径，有助于提升学生的信心，帮助学生成长。

（三）"智慧社团"的评价标准

为了促进"智慧社团"的有效实施，我们制定了社团课程活动评价表（见表8-5）。

表8-5 "智慧社团"活动评价表

评价维度	评价要求	评价结果		
		☆☆☆	☆☆	☆
理念呈现度	掌握"智慧数学"课程的基本理念、教学模式，坚持素质教育，体现学科核心素养。			
目标达成度	教学目标要适合学生实际特点与课程特点，要明确、具体、可行。			
内容适合性	教学内容要符合学生实际需求，要与教学目标一致，贴近学生生活，易被学生所理解和把握，有助教学目标达成。			
方法多样性	教学方法要灵活多样，符合学生特点，为学生所喜爱，有实效。			
组织有效性	教学设计新颖有效，清晰有条理，各环节衔接自然流畅，体现教师的主导地位。			
教师专业性	教师对课程的把握准确，对知识的理解深刻，对教学技能的操作精准到位。仪表大方，教态自然，语言准确。			

为了学生能够积极参与到社团活动中，我们制定了"智慧社团"课程学生评价表（见表8-6）。

表8-6 "智慧社团"学生评价表

		小组成员			
沟通能力	参与度	☆☆☆	☆☆☆	☆☆☆	☆☆☆
	聆听度	☆☆☆	☆☆☆	☆☆☆	☆☆☆

续 表

		小组成员			
小组评价	沟通能力	☆ ☆ ☆	☆ ☆ ☆	☆ ☆ ☆	☆ ☆ ☆
	个人展示	☆ ☆ ☆	☆ ☆ ☆	☆ ☆ ☆	☆ ☆ ☆
	参与度	☆ ☆ ☆	☆ ☆ ☆	☆ ☆ ☆	☆ ☆ ☆
	聆听度	☆ ☆ ☆	☆ ☆ ☆	☆ ☆ ☆	☆ ☆ ☆
	沟通能力	☆ ☆ ☆	☆ ☆ ☆	☆ ☆ ☆	☆ ☆ ☆
	个人展示	☆ ☆ ☆	☆ ☆ ☆	☆ ☆ ☆	☆ ☆ ☆

"智慧社团"课程学生评价要求：指导教师要基于"智慧社团"的课程内容与特点，有创造性地精心设计合理的并具有个性化的课程学习成绩评价方案。

四、开展"智慧阅读"，领略"数学之花"娇艳馥郁

阅读不仅仅是语文学科的事，数学也需要阅读，俗话说："书读百遍，其义自见。"倡导学生广泛阅读，重视数学阅读，在日常的教育教学中培养学生阅读，使学生从愿读到会读再到"慧"读，品味课程内涵，体悟数学之美，这样才能培养学生获取知识的兴趣，提升学科素养，才能养成良好的数学阅读习惯，这样"智慧课堂"才会更有效、更精彩。

（一）"智慧阅读"的实践与操作

首先在每个年级进行"智慧阅读"问卷调查，了解学生对数学阅读的认识，根据调查结果，提出数学阅读的重要性，引导学生重视数学阅读，指导学生怎样进行阅读。我们不仅要阅读教材，还要借助学校的图书馆以及网络，扩大学生的学习领域，提供多样的学习途径，让学生学习课本以外的知识，完善自己，提高自己的数学素养。为了更好地开展"智慧阅读"，有效地帮助老师指导学生，我校高中数学组设计了"智慧阅读"模式（见图8-2）。

（二）"智慧阅读"的评价标准

开展"智慧阅读"，让学生在阅读中能够提升学习数学的兴趣与信心，同时也感知数学的文化、数学的美，知道数学是有用的，从而培养学习数学

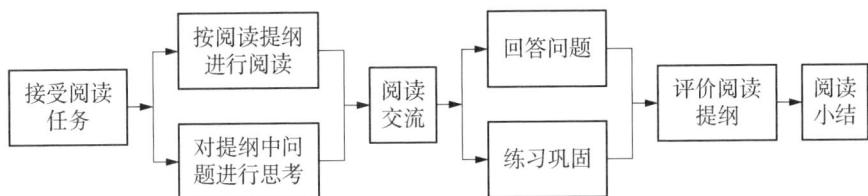

图 8-2 "智慧阅读"模式流程图

的情感态度与价值观，提升自己的数学素养。为了保障"智慧阅读"的有效
开展及阅读的积极性，基于此，我们设置了相应的评价标准，并设计了《"智
慧阅读"学生成长记录表》与《"智慧阅读"学生成果展示表》，具体设计内
容与评价标准如下（见表 8-7、表 8-8）。

表 8-7 "智慧阅读"学生成长记录表

班级			姓名			照片
我的阅读宣言						
阅读日期	阅读书目	阅读页码	列出提纲	阅读交流	解决问题	阅读小结

表 8-8 "智慧阅读"学生成果展示表

评价指标	等级评价参考指标	综合评价
1. 评价指向明确，可操作。 2. 有专门的阅读时间。 3. 有《"智慧阅读"成长记录表》或有其他各类方案、过程图片、视频资料等。 4. 有阅读小结，且共享阅读资源、分享阅读乐趣资料等。	1. 完全符合指标者达 A 等级。 2. 符合其中三项指标者达 B 等级。 3. 符合其中两项指标者达 C 等级。 4. 四项都不符合为 D 等级。	

综上所述，我校高中数学组基于《普通高中数学课程标准（2017 年
版）》，围绕国家基础课程的具体内容，结合我校自身特点及学生综合素养的

发展要求，确定了"智慧数学"的学科理念，并围绕"智慧"的数学课程核心，制定了学科课程目标，形成了学科课程结构，创建了学科课程体系，最终制定了一系列的课程实施方法与评价的标准，确保"智慧课程"的实施与发展。"智慧数学"的课程体系，更注重的是学生学习的过程与经历，从数学综合实践出发，让学生在学习数学的过程中，通过各类数学课程的实施与发展，促进数学学科核心素养的培养与发展，从而外增"才智"，内生"智慧"，让每个人成就更好的自己，让所有人一起成就更好的世界和未来！

（撰稿人：王仁成　刘智　郑兴兵　饶宇）

自 2015 年至今，伴随着蜀山区区域课程建设的脚步，"品质课程项目"已走过了六年的历程。这六年间，从一开始不知道数学学科课程群是何物、有何用以及"剪不断，理还乱"的将信将疑，到将"数学学科课程标准"作为课程建设的总方向后，品味到"问渠那得清如许，为有源头活水来"般的豁然开朗，再到紧扣核心素养的发展要求，逐渐走进课程，走向学生，走入教学，体会到"忽如一夜春风来，千树万树梨花开"的酣畅淋漓，我们的团队披荆斩棘，一路成长。正是一次又一次的探索与实践、挫折与奋进，让我们逐步描绘出初、高中数学学科课程群的新图景，并期待在实践中引发数学学科的深度变革。

走进课程，让课程建设更科学。在课程群建设的过程中，大家对于各学段课程标准的理解更加深入，对于教材的编写意图的理解更加到位，自身的课程哲学和课程意识都逐渐加强，课程开发与实施能力显著提升。走向学生，让课程建设更贴心。课程群建设丰富了以往的课程内容，在实施与评价上，尽可能地促进每一个学生的核心素养的发展，增强学生学习兴趣，提升学习信心，为学生的个人发展提供不同的选择，满足学生自主而富有个性的学习需求，为学生的终身发展奠基；走入教学，让课程建设更实用。课程群建设最终是要在日常教学中付诸实践的，它可以利用灵活多变的形式形成对常规教学的补充，解决日常教学中无法解决的问题。

之所以有这么多的收获，是因为在数学学科课程群建设的路上，有专家、导师的引领，有团队的合作与陪伴。在这里，衷心感谢上海市教育科学研究院杨四耕教授及团队给予的高标准的专业引领和高站位的学术指导，他们无微不至地指导促成了每所学校项目课程建设规划有逻辑、学科课程建设方案有特色；感谢蜀山区教体局为工作的推进给予全面的部署和专业的指导；感谢每一所参与项目的学校的团队的辛苦付出，正是你们的积极探索、群策群力、勇于实践、不断反思，才促成了书中每一个精彩的、独特的文案。数学学科课程群的建设是一件复杂的事，方案的成型只是第一步，接下来课程的实施与行进更为关键，需要不断地打磨，而不可能一蹴而就，甚至在实践中发现了问题还要对方案进行调整、修改。因此课程建设必然任重而道远，需要我们在实践中共同努力，不断完善。

因时间和笔者本身水平所限，书中若有不妥之处，恳请读者提出宝贵建议。

"品质课程"阅读书目

学校整体课程规划	978-7-5760-0423-6	48.00	2022 年 1 月
推进育人方式变革的区域教学改进研究	978-7-5760-2314-5	56.00	2021 年 12 月
学校整体课程规划的七个关键	978-7-5760-0424-3	62.00	2021 年 3 月
课堂教学的 30 个微技术	978-7-5760-1043-5	52.00	2020 年 12 月
教学诠释学	978-7-5760-0394-9	42.00	2020 年 9 月
原点教学：提升区域育人质量的策略研究	978-7-5760-0212-6	56.00	2020 年 8 月

📖 品质课程聚焦丛书

自组织课程：语文学科课程群新视角	978-7-5760-1796-0	48.00	2021 年 12 月
数学作为学习共同体：一种新的数学课程观	978-7-5760-1746-5	52.00	2021 年 12 月
学科育人的整体课程范式	978-7-5760-2290-2	46.00	2021 年 12 月
聚焦育人质量的学科课程设计	978-7-5760-2288-9	42.00	2021 年 11 月
活跃的学习图景：学校课程深度实施	978-7-5760-2287-2	48.00	2021 年 11 月
学科文化：英语学科课程新视角	978-7-5760-2289-6	48.00	2021 年 12 月
课程联结：学科课程群设计方法	978-7-5760-2285-8	44.00	2021 年 12 月
数学学科课程决策：专业视角	978-7-5760-2286-5	40.00	2021 年 12 月
特色项目课程：体育特色课程的校本建构	978-7-5760-2316-9	36.00	2021 年 12 月
进阶式探究课程设计：学科整合视角	978-7-5760-2315-2	38.00	2021 年 12 月

📖 学校课程发展精品丛书

学科课程群与全经验学习	978-7-5760-0583-7	48.00	2021 年 1 月
育人目标与课程逻辑	978-7-5760-0640-7	52.00	2021 年 2 月
学科课程与深度学习	978-7-5760-0505-9	52.00	2021 年 2 月
学校课程的文化表情：百花园课程的学科指向与深度实施			
	978-7-5760-0677-3	38.00	2021 年 2 月
学校文化与课程变革	978-7-5760-0544-8	62.00	2021 年 2 月
语文天生重要：语文学科课程群设计	978-7-5760-0655-1	44.00	2021 年 2 月
五育并举的课程体系：致良知课程的旨趣与探索			
	978-7-5760-0692-6	48.00	2021 年 1 月

学科课程与育人质量	978-7-5760-0654-4	48.00	2021 年 1 月
在地文化与课程图谱	978-7-5760-0718-3	46.00	2021 年 2 月
中观课程设计与学科课程发展	978-7-5760-0624-7	36.00	2021 年 1 月
大教学：英语学科核心素养培育的课程模式	978-7-5760-0462-5	46.00	2021 年 1 月

特色学校聚焦丛书

儿童是天生的探索者：360° 科学启蒙教育	978-7-5675-9273-5	36.00	2020 年 2 月
做精神灿烂的教师：教师自我成长的 5 个密码	978-7-5760-0367-3	34.00	2020 年 7 月
让教育温暖而芬芳	978-7-5760-0537-0	36.00	2020 年 9 月
快乐教育与内涵生长	978-7-5760-0517-2	46.00	2020 年 12 月
故事教育与儿童发展	978-7-5760-0671-1	39.00	2021 年 1 月
美好教育：学校内涵发展的循证研究	978-7-5760-0866-1	34.00	2021 年 3 月
把美好种进儿童心田	978-7-5760-0535-6	36.00	2021 年 3 月
倾听生命的天籁："天籁教育"的实践与探索	978-7-5760-1433-4	38.00	2021 年 9 月
为了每一个孩子的美好心愿	978-7-5760-1734-2	50.00	2021 年 9 月
向着优秀生长："模范教育"的理念与实践	978-7-5760-1827-1	36.00	2021 年 11 月
让个性自然发荣滋长："引发教育"的理论寻源与实践探索			
	978-7-5760-2600-9	38.00	2022 年 3 月

跨学科课程丛书

大情境课程：主题设计与创意评价	978-7-5760-0210-2	44.00	2020 年 5 月
社会参与素养的培育模型与干预机制	978-7-5760-0211-9	36.00	2020 年 5 月
大概念课程：幼儿园特色主题活动设计	978-7-5760-0656-8	52.00	2020 年 8 月
项目学习：进入学科的课程智慧	978-7-5760-0578-3	38.00	2021 年 4 月
STEAM 课程的设计与实施	978-7-5760-1747-2	52.00	2021 年 10 月
幼儿个性化运动课程	978-7-5760-1825-7	56.00	2021 年 11 月
幼儿园特色课程的框架与实施	978-7-5760-2598-9	48.00	2022 年 3 月

核心素养导向的课堂教学丛书

| 转识成智的课堂教学：核心素养导向的历史教学 | | | |
| | 978-7-5760-0164-8 | 40.00 | 2020 年 5 月 |

学导式教学：学会学习的教学范式	978-7-5760-0278-2	42.00	2020 年 7 月
高阶思维教学的关键技术	978-7-5760-0526-4	42.00	2021 年 1 月
会呼吸的语文课：有氧语文的旨趣与实践	978-7-5760-1312-2	42.00	2021 年 5 月
高阶思维教学的核心指向	978-7-5760-1518-8	38.00	2021 年 7 月
磁性课堂：劳动技术课就这样上	978-7-5760-1528-7	42.00	2021 年 7 月
核心素养导向的作业设计	978-7-5760-1609-3	40.00	2021 年 8 月
语文，让精神更明亮	978-7-5760-1510-2	42.00	2021 年 9 月
"六会"教学法：基于核心素养的课堂教学	978-7-5760-1522-5	42.00	2021 年 9 月

特色课程建设丛书

教师，生长的课程	978-7-5760-0609-4	34.00	2020 年 12 月
学校课程发展的实践范式	978-7-5760-0717-6	46.00	2020 年 12 月
丰富学习经历：如歌式课程的愿景与深度	978-7-5760-0785-5	42.00	2020 年 12 月
学科课程群设计方法	978-7-5760-0579-0	44.00	2021 年 3 月
学校美育课程的立体建构：菁华园课程的逻辑与框架			
	978-7-5760-0610-0	36.00	2021 年 3 月
关键学习素养与学科课程设计	978-7-5760-1208-8	34.00	2021 年 4 月
学校课程设计：愿景建构与深度实施	978-7-5760-1429-7	52.00	2021 年 4 月
生长性课程：看见儿童生长的力量	978-7-5760-1430-3	52.00	2021 年 4 月
"慧阅读"课程：儿童视角	978-7-5760-1608-6	42.00	2021 年 6 月
诗意栖居的课程愿景：智慧岛课程的逻辑与深度			
	978-7-5760-1431-0	44.00	2021 年 7 月
每一个孩子都是最重要的人：V–I–P 课程的内在意蕴与学科视角			
	978-7-5760-1826-4	54.00	2021 年 8 月
给每一个孩子带得走的能力：井养式课程的旨趣与探索			
	978-7-5760-1813-4	42.00	2021 年 10 月
指向核心素养的课程统整框架：I AM BEST 课程的学科之维			
	978-7-5760-1679-6	48.00	2021 年 11 月